예 천 의
무형유산

예천박물관 학술총서 04

예천의 무형유산

초판1쇄 발행 2023년 12월 20일

기획　　　예천박물관
집필　　　이재완·한양명·강재욱·박혜영·조순현

펴낸이 홍종화
주간 조승연
편집·디자인　오경희·조정화·오성현·신나래
　　　　　　박선주·이효진·정성희
관리 박정대

펴낸곳 민속원
창업 홍기원
출판등록 제1990-000045호
주소 서울 마포구 토정로25길 41(대흥동 337-25)
전화 02) 804-3320, 805-3320, 806-3320(代)
팩스 02) 802-3346
이메일 minsok1@chollian.net, minsokwon@naver.com
홈페이지 www.minsokwon.com

ISBN 978-89-285-1924-8
SET 978-89-285-1252-2　94910

ⓒ 이재완·한양명·강재욱·박혜영·조순현, 2023
ⓒ 민속원, 2023, Printed in Seoul, Korea

이 책은 저작권법에 따라 보호를 받는 저작물이므로 무단전재와 복제를 금지하며,
이 책의 전부 또는 일부를 이용하려면 반드시 저작권자와 출판사의 서면동의를 받아야 합니다.

예천박물관 학술총서 | 04

예천의
무형유산

이재완 · 한양명 · 강재욱 · 박혜영 · 조순현

민속원

예천의 무형유산을 만나며

　이중환은 『택리지擇里志』에서 예천醴泉은 굶주림과 다툼이 없고, 병화가 들지 않는다는 십승지 중의 한 곳이라고 하였습니다. 고즈넉하면서도 활기찬 예천은 사람이 살기 좋은 고장이기에 민중의 삶과 지혜를 담은 무형유산들이 만들어졌고 현재까지 전승되고 있습니다. 풍자와 해학, 그리고 벽사진경辟邪進慶의 의미를 담은 '예천청단놀음'을 비롯하여 농사의 고단함을 덜기 위해 부르던 '통명농요'와 '공처농요', 삶의 애환을 담담히 풀어낸 '예천아리랑'이 바로 우리가 지켜나가야 할 예천의 무형유산입니다.

　예천인의 삶과 정서, 나아가 인류의 보편적 가치를 담은 예천의 무형유산은 독특하면서도 지역적 특성을 담고 있어 학계에서는 그 가치를 인정받았으나 지속적인 연구가 이루어지지는 않았습니다. 예천박물관에서는 학술총서의 주제를 '예천의 무형유산'으로 정하고, 예천의 무형유산을 깊이 고찰하고자 전문가에게 집필을 의뢰하여 지역문화를 전승하고 재조명하는 기회로 삼고자 하였습니다.

저는 '예천청단놀음'을 주제로 한 '예천 청단놀음의 재현과 문화재 지정 과정'을 살펴보았습니다. 청단놀음의 기원과 유래·설화를 소개하고, 1981년 재현 이후 현재까지의 변화과정을 6단계로 나누어 마당순서와 명칭, 탈, 소품, 대사의 변화를 구분하였습니다. 그리고 문화재 지정과 전승과정의 문제점으로 문화재 지정시 해당분야의 전문가 참여가 필수적이며, 단체종목으로 지정된 청단놀음의 전승환경 및 기반 강화를 위해 행정당국에서 보유자, 전승교육사, 장학생을 인정하여 보존회원들이 일정한 보상금을 지원받을 수 있도록 지원하고, 보존회 내에서 위계와 질서를 갖추어 전승될 수 있는 안전장치를 마련하는 제도 개선의 필요성을 강조하였습니다.

이어서 한양명 교수는 청단놀음의 기원과 역사 및 탈의 형상과 놀이의 내용, 주제와 갈등 양상, 배역의 성격과 특징을 상세히 정리하였습니다. 이를 바탕으로 청단놀음이 묵언 탈놀이의 전통을 잇고 있으며, 당신화와 공동체 제의 그리고 탈놀이의 유기적 상관성, 하회별신굿탈놀이와의 비교를 통해 유사점과 차이점을 밝혔습니다. 또한 청단놀음에서만 볼 수 있는 주지판과 키[箕]로 만든 지연광대탈의 특징과 가치를 규명하고, 경상도 덧배기춤의 전형적인 춤사위를 통해 단순하고 소박하지만 힘이 있는 춤사위에 대한 의의를 고찰하였습니다.

강재욱 연구원은 국가무형유산인 '예천통명농요'를 주제로 예천 통명 모심는 소리의 형성 및 지역적 위상을 논의하고, 통명농요의 권역적 의미를 이해하고자 하였습니다. 통명농요의 모심는 소리인 '아부레이수나'와 예천, 영주, 봉화의 논매는 소리인 '에웨기소리'의 음악적 분석을 통해 예천 모심는 소리 '아부레이수나'와 논매는 소리 '에웨기소리'는 메나리토리의 보편성을 갖고 있으며, 매우 유사한 진행방식과 동일한 가창방식을 사용했음을 확인했습니다. 또한 '아부레이수나'는 경상북도 북부지역의 논매는 소리인 '에웨기소리'의 영향을 받아 변형되었는데, 이는 전국적으로 매우 독특하고 드문 사례입니다. 강재욱의 연구는 통명농요의 독자적인 성격을 면밀히 밝혔다는 점에서 의미있는 연구라 할 수 있습니다.

박혜영 선생님은 경상북도지정 무형유산인 '공처농요'를 주제로 복원과 연행내용, 전국민속예술경연대회 출전, 문화재 지정에 이르는 일련의 과정을 상세히 정리하고, 성과를 이루기 위한 공처마을 주민들과 농요단원들의 노력을 조명하였습니다. 공처농요의 놀이화·무대화된 연행 속에서 모찌기소리, 가래소리 등 전승이 단절된 소리가 있음을 확인하였습니다. 농요 계승과 보존을 위하여 보다 다채롭고 즉흥성 있는 사설운용능력, 교육 및 지원체계에 대한 지속적인 점검과 필요성을 역설하며 공처농요의 전승을 위한 방법을 제시하였습니다.

마지막으로 조순현 선생님은 예천아리랑을 주제로 예천아리랑의 대표적인 가창자인 양옥교와 이상휴의 생애사를 정리하고, 그들이 부른 아리랑의 사설을 기록하고 직접 채보하였습니다. 그는 이번 연구에서 양옥교의 아리랑을 통해 사설의 장단이 자유롭고, 이상휴의 아리랑을 통해 후렴 사설이 자유롭다는 특징을 밝혔고, 예천아리랑은 지역의 생활 풍습과 가창방법의 특징이 잘 나타나는 것으로, 그 전승방안을 제시하여 예천아리랑의 가치를 제고하였습니다.

예천 지역의 무형유산에 대한 종합적인 연구성과인 예천박물관 학술총서가 탈춤과 농요, 아리랑을 비롯해 향토사를 연구하는 분들께도 도움이 되었으면 합니다. 바쁜 일정에도 불구하고 예천의 무형유산 연구를 위해 애써주신 집필진분들께 감사의 말을 전합니다.

2023년 12월
집필진을 대표하여
예천박물관장 이재완 삼가 씀

차례

예천의 무형유산을 만나며 4

예천 청단놀음의 재현과 문화재 지정 과정 | 이재완 ················ 13
마당 순서와 명칭, 탈, 소품, 대사를 중심으로

 1. 머리말 ·· 14
 2. 청단놀음의 유래와 1936년의 재현 ······································ 18
 3. 1981년 청단놀음의 재현과 그 이후 연행의 변화 ················ 24
 4. 문화재 신청 과정과 지정 이후의 변화 ······························· 37
 5. 맺음말 ··· 48

예천청단놀음의 성격과 의의 | 한양명 ····································· 53

 1. 기원과 역사 ·· 54
 2. 탈의 형상과 놀이의 내용 ··· 58
 3. 주제와 갈등양상 ·· 70
 4. 배역의 성격과 특징 ··· 75
 5. 청단놀음의 의의 ·· 81

통명 모심는 소리의 형성과 농요의 권역적 의미 | 강재욱 ········· 85

1. 서론 ········· 86
2. 예천 통명농요의 구성 및 내용 ········· 87
3. 통명 모심는 소리의 형성 및 지역적 위상 ········· 113
4. 결론 ········· 127

공처마을 농민들의 일노래로서 농요의 연행과 전승 | 박혜영 ········· 131

1. 머리말 ········· 132
2. 공처마을 농민들의 일노래 ········· 136
3. 농요의 발굴과 전승 ········· 170
4. 맺음말 ········· 188

예천아리랑의 소리꾼과 특징 | 조순현 ········· 193

1. 예천아리랑의 소리꾼 ········· 195
2. 예천아리랑의 특징 ········· 199
3. 예천아리랑의 가치와 전승방안 ········· 249

예천 청단놀음의 재현과 문화재 지정 과정*
마당 순서와 명칭, 탈, 소품, 대사를 중심으로

이재완
예천박물관 관장

예천 청단놀음의 재현과
문화재 지정 과정

1. 머리말

2022년 '한국의 탈춤' 18개 종목이 인류무형문화유산 대표목록으로 등재되었다. 인류무형문화유산 등재는 국내의 법과 조례에 명시된 보존, 관리, 활용에 필요한 사항을 지원받을 수 있게 된 것을 의미한다. 나아가 국가와 자치단체에서는 인류무형문화유산이 온전하게 전승되도록 관심과 지원을 위해 노력해야 할 것이며, 전승단체에서는 엄격한 고증을 통해 국가를 대표하는 무형문화재에 걸맞은 수준의 연행을 지속해야 할 것이다.

한국의 탈춤으로 등재된 대상 대부분은 일제강점기 전승이 중단되었다가 해방 이후 전국민속예술경연대회 참가와 지역문화 부흥 등의 이유로 재현된 것이다. 다시 말해, 일정 기간 중단되었다가 고증을 통해 재현되어 무형문화재로 지정된 탈춤이다. 이 가운데 예천 청단놀음은 1936년 11월 15일 예천경찰서 낙성식을 기념하기 위한 공연을 끝으로 중단된 후,[1] 1981년 전국민속예술경연대회 참가를 계기로 재현된 것이다. 그리고 예천 청단놀음

---

* 이 글은 2023년도 「예천 청단놀음의 재현과 문화재 지정 과정 - 마당 순서와 명칭, 탈, 소품, 대사를 중심으로」, 『실천민속학』 제77집에 게재한 논문을 수정·보완한 것이다.
1 2014년 이전에 발표된 대부분의 논문과 글에는 예천 청단놀음의 마지막 공연은 예천경찰서 낙성식을 기념하기 위해 벌인 1935년 공연으로 기록되어 있다. 그러나 2014년 문화재 신청서를 작성하는 과정에서 연구자는 1938

출연단은 1981년과 1987년 전국민속예술경연대회에 참가하여 두 차례의 문화공보부 장관상을 받아 그 기예를 인정받았다.

청단놀음이 문화재 지정에 실패했던 가장 큰 이유는 원형(原型)² 을 잃은 탈놀이라는 학계의 의견 때문이었다. 그렇기에 2003년부터 예천군은 청단놀음에 대한 학술 연구 용역, 고증을 통한 의상 제작, 학술세미나 등을 지원했고, 2010년 청단놀음보존회는 2004년 학술 연구의 성과를 토대로 문화재 지정을 신청했다. 하지만, 문화재위원회에서는 현지조사도 진행하지 않은 채 원형 문제를 이유로 문화재 지정에 대한 행정절차를 보류했고, 비공식 의견으로 학술세미나를 개최하여『예천 청단놀음(2004)』에 대한 전문가들의 의견을 수렴하라고 제안했다. 그리하여 예천군에서는 학술세미나를 추진한 후인 2014년 또다시 문화재 지정 신청서를 제출했고, 2017년에 이르러 문화재 지정에 성공할 수 있었다.

예천 청단놀음이 재현된 후 문화재 지정까지 걸린 기간은 약 37년이었다. 그동안 예천 청단놀음 재현에 중요한 역할을 담당했던 수많은 제보자와 출연자 그리고 조사자가 작고했다. 게다가 문화재 지정에 이르는 동안에는 수많은 회원이 보존회 활동을 그만두었으며, 취약한 전승환경을 지속했다. 2017년 문화재위원회에서는 청단놀음을 무형문화재로 지정

  년도 1월 5일『동아일보』 기사에서 예천경찰서 낙성식과 청단놀음 공연 관련 내용을 발견하고 청단놀음이 마지막으로 공연한 연도를 1937년으로 수정하여 문화재를 신청하였다. 그러나 이번 연구 과정에서 연구자는 상기 내용을 교차검증하기 위해 다른 신문을 분석하였고, 그 결과『경성일보』에서 3차례 경찰서 낙성식과 행사 소개 기사를 발견하였다. 이를 종합하면 예천경찰서 낙성식은『경성일보』의 내용과 같이 1936년 11월 15일 오후 1시에 거행되었고, 예천 청단놀음의 마지막 공연은 낙성식이 거행될 무렵 2일간 진행되었다. 따라서 예천 청단놀음이 마지막으로 공연한 것은 1936년 11월로 수정해야 한다(「醴泉署落成式」,『조선일보』, 1936.10.25.;「醴泉署竣工 祝賀會の準備」,『경성일보』, 1936.10.25.;「醴泉署の落成式」,『경성일보』, 1936.10.28.;「醴泉署落成式」,『경성일보』, 1936.11.19.;「醴泉署落成祝賀盛況」,『조선일보』, 1936.11.22.;「藝術의 薰香 가득한 醴泉의 "靑丹노리"」,『동아일보』, 1938.01.05.).
2 이 글에서 원형(原型)이란 1936년 재현된 탈춤을 대상으로 학자들이 지칭한 용어이다. 그러나 무형문화재에서 원형이란 용어는 적절하지 않다. 1981년 재현된 탈춤조차 전국민속예술경연대회의 규정과 공연시간에 맞도록 선별적으로 창출되거나, 재구성을 통해 변형된 것이다. 하지만 이 글에서 원형은 청단놀음의 고형(古型)이란 의미로 사용된 것이다.

〈사진 1〉 최초 조사자 강원희[3]   〈사진 2〉 성병희 교수[4]

하면서, 보유자 없는 단체종목으로 결정하여 보유자를 비롯한 전승교육사, 이수자, 장학생 조차도 선정하지 않았다. 당시 문화재위원회의 결정은 청단놀음보존회의 전승활동에 긍정적이기보다 부정적인 영향을 끼친 결과를 낳았다. 즉, 지정 이후 청단놀음보존회는 제도권의 영향에서 전승환경이 나아지기보다 회원 간의 갈등으로 다수의 기존 회원이 탈퇴하고, 다수의 신규 회원이 가입하는 등의 이유로 전승 교육이 어려운 상황에 놓여졌기 때문이다.

지금까지 예천 청단놀음에 관한 연구는 몇몇 연구자에 의해 진행되었다. 최초의 연구는 1978년 보성국민학교 교사로 재직 중이던 강원희에 의해 이루어졌다.[5] 그는 1976년 선친으로부터 예천 청단놀음에 관한 이야기를 전해 듣고 조사를 진행하여 그 결과물을 발표하였다. 그 내용은 청단놀음 개관, 인원 및 장비, 제보자 등을 소략하게 제시하는 수준이었다.

---

3 청단놀음보존회 사진 제공.
4 성한기(성병희 아들) 사진 제공.
5 한양명, 『예천청단놀음』, 예천군, 2004, 3쪽.

이후 안동대학교 성병희 교수가 청단놀음을 기억하고 있던 몇몇 제보자를 찾아 조사하여 청단놀음의 전설, 놀이 내용, 청단놀음의 가치 등을 정리하였다.[6] 이들의 연구성과는 예천 청단놀음이 재현되어 1981년 전국민속예술경연대회에 출현하는 데 토대가 되었다.

1981년 전국민속예술경연대회에 출전한 예천 청단놀음 공연은 조사된 내용을 토대로 재현된 6마당이 아니라 특색 있는 공연물로 보이고 싶었던 지역 인사들의 요구로 2마당이 추가된 8마당으로 구성되었다.[7] 즉, 예천 청단놀음 구성에는 조사내용과 다르게 학춤, 바라춤이 추가된 것이다. 이에 따라 1981년 예천 청단놀음 출현 이후에는 이를 기준으로 한 여러 편의 글이 발표되었다.[8] 그리고 1987년 전국민속예술경연대회에 출전했던 예천 청단놀음 공연 구성에서는 처음 조사된 내용과 같이 6마당으로 변경되었다. 하지만 1987년 공연에는 1981년 공연과 다르게 꼽추라는 배역이 새롭게 등장하였고, 마당의 순서도 다르게 구성되는 등 여러 가지 변형이 존재했다. 더구나 후속 연구에서도 1987년의 출연내용을 기준으로 연구되는 등 여러 오류를 지니고 있었다.[9]

그러나 2000년대 연구에서는 예천 청단놀음 연행의 여러 가지 오류가 정리되기 시작했다. 조동수는 놀이마당의 구성과 순서, 탈의 수를 정리하여 발표했다.[10] 또한 한양명은 그간의 연구성과를 재검토하여 강원희가 청단놀음을 처음으로 조사한 1976년부터 1981년의 녹음본과 예천 청단놀음을 직·간접적으로 경험한 이들을 추가로 조사하여 이미 연구된 내용을 교차분석한 종합적인 연구서를 발표했다.[11] 이렇듯 청단놀음에 대한 연구가 진척되

---

6 성병희, 「예천청단놀음」, 『우리 고장의 민속』, 경상북도, 1978.
7 강원희, 「醴泉 靑丹 놀음」, 『예천청단놀음 재조명을 위한 학술세미나』, 예천군, 2013, 141쪽.
8 정병호, 「가려져 있는 향토예능의 맥⑥ 예천 청단놀음」, 『문예진흥』, 한국문화예술진흥원, 1984; 제공숙, 「예천 청단놀이에 나타난 춤의 연구」, 중앙대학교 교육대학원 석사학위논문, 1984; 강원희, 「문화재해설」, 예천군교육청, 1985.
9 문화재관리국 문화재연구소, 「굿놀이」, 『무형문화재조사보고서』 15(1991); 강원희, 「예천 청단놀음」, 『향토문화』 14(향토문화연구회, 1999).
10 조동수, 「예천 청단놀음 연구」, 안동대학교 교육대학원 석사학위논문, 2003.
11 한양명, 앞의 책, 예천군, 2004.

면서 이들 연구성과는 문화재 신청에 기초자료로 활용되었다. 지금까지 예천 청단놀음에 관한 연구는 일부 연구자에 의해 진행된 정도이며, 1936년의 청단놀음을 직·간접적으로 경험한 이들이 대부분 작고한 상황에서 상기 연구들은 후속 연구를 진전하는 데 중요한 정보를 제공하고 있다.

본 연구에서는 1981년 재현과 그 이후 청단놀음의 변화 과정을 통해 고형을 고찰하고, 문화재 지정 과정을 학문적 객관화 작업을 통해 학술자료화하는 것이다. 연구자는 2010년 9월부터 2018년 9월까지 예천군청에서 문화재 지정업무를 담당하여 회원들로부터 다양한 정보를 제공받을 수 있었다. 또한 연구자는 청단놀음보존회 회원을 대상으로 2023년 1월부터 3월까지 10여 차례 집중적인 면담 조사를 실시했다. 연구 과정에서는 1936년 마지막 공연의 내용을 충실하게 기록했다고 보이는 강원희의 최초 발표 자료, 1936년 예천 청단놀음 마지막 공연을 자세히 기억하고 있었던 장재영이 강원희에게 제보한 녹음본, 1981년 전국민속예술경연대회 출연 이전의 진행과정을 기록한 강원희의 일기와 연습영상을 중심으로 살펴보았다. 특히, 일반적으로 문서를 공개하지 않는 문화재 심의 과정을 구체화하기 위해 당시 조사자로 참여한 A위원을 대상으로 면담조사를 진행하여 문화재 지정 과정의 실상에 근접하고자 하였다. 또한 이 글에서는 특정 인물과 관련된 불필요한 논란을 피하고자, 구체성을 최대한 줄이고 인명을 공개하지 않는다. 궁극적으로 이 연구는 문화재 지정과 그 이후에 발견되는 현행 무형문화재 제도의 한계를 살피고 이에 대한 개선책을 제시하는 것이 목적이다.

2. 청단놀음의 유래와 1936년의 재현

지금까지 예천 청단놀음과 관련한 연구는 기록물이 아닌 주민들의 구술자료를 기반으로 진행되었다. 이러한 연유로 학자 간에 상충하는 이견이 발생했고, 이는 곧 연행의 재현과 문화재 지정에 영향을 끼쳤다.[12] 2014년 예천 청단놀음 문화재 지정 신청서를 작성하던 중 1938년도 『동아일보』의 예천 청단놀음을 기록한 기사를 발견했다.[13] 이 기사로 연구자는 예천만의 특유한 탈놀이라는 사실, 청단靑丹놀음의 기원과 유래를 통해 그동안의 연구성과를 보충할 수 있었다.[14] 특히, 해당 기사에는 예천 청단놀음이 1937년 11월 예천경찰서 낙성식을 계기로 주민들이 부활한 것이라는 구체적인 내용이 포함되어 있었다.[15] 1938년 1월 5일 『동아일보』 기사의 내용을 자세히 살펴보면 아래와 같다.

> 청단(靑丹)이라하면 그뚜(뜻)과같이 보기조흔 채색(彩色)을 의미한 것으로 여러 가지 색채로 황홀하게 장식한 변장행동(變裝行動) 즉 한가지 탈노름이다. 그러나 여기 말하는 탈노름은 어느 곳에서나 항용하는 골계적(滑稽的) 유희와는 달라서 이 원인은 부모를 봉양하고저 하는 효성에서 나온것이며 그 동작은 우리의 고대예술을 상징(象徵)하는 것이어서 예천에만 잇는 특유한 노름이다. 이청단의 기원을 말하면 그 연대(年代)는 몇백(百)년인지 알 수 없는 고대적이어서 조선고대연극의 기원인듯하다. 청단의 유래를 말하면 아조먼 옛날 전라도 어느 지방에서 이청단(李靑丹)이란 八세 소년이 일즉 부친을 여의고 편모슬하에서 곤궁하게 자라다가 병란(兵亂)을 만나 또 그 모친을 일허버리엇는데 어린 마음에도 크게 결심한바 잇어 그야말로 인고단련을 거듭한 결과 수百만장자가 되엇다. 그러나 일편 단심이 그 모친을 찾고저 여러 가지 방도를 연구한 결과 탈노름을 고안하야 황홀찬란한 노름으로써 국내방방곡곡을 도라다니면서 이 괴이한 노름을 구경하는 사람 가운대에서 모친을 발견하리라 생각하고 전재산을 기우려 八도행각을 하다가 필경 예천에 이르러 모친을 찾엇다고한

---

12 문화재위원회에서는 1988년과 1995년 문화재로 지정 신청한 예천 청단놀음에 대해 옛 서적에 기록이 없어 언제 생겼는지 알 수가 없는 등 역사성의 부재라는 사유로 부결하였다(예천군,「청단놀음 모임 보고서」, 2001.01.18.).
13 「언론보도로 본 예천청단놀음의 역사」, 『예천신문』, 2014.03.20.
14 「藝術的 薰香 가득한 醴泉의 "靑丹노리"」, 『동아일보』, 1938.01.05.
15 연구자는 해당 기사 내용을 바탕으로 예천경찰서 낙성식이 1937년 11월이라고 판단했으나, 1936년과 1937년에 발간된 다른 기사를 비교·분석하여 1936년 11월 15일에 진행되었던 사실을 처음으로 밝혔다.

〈사진 3〉 동아일보 기사 원문[16]

다. 一설에는 큰부호가 애첩(愛妾)을 일코 이모양으로해서 찾엇다하나(모두가 사적기록은 볼수없음) 이에 모든기구는 내버렷든것인데 그당시 미신으로 이것이 사(邪)가되어 군내에 불상사가 생긴다하야 이것을 예방하는 의미에서 매년정초부터 보름동안의 정월노리로 삼든것인데 四十三년전 병신란(丙申亂) 때에 청단기구를 모두 일허버리고 그후 八九년만에 예전 것을 상상하고 맨들어 한후에는 그후 일한합병이래 작년까지 三十여년동안 청단이란

---

16 「藝術的 薰香 가득한 醴泉의 "靑丹노리"」, 『동아일보』, 1938.01.05.

이름은 거의 일반의 기억에 사라지게 되엇다가 작년 十一月 예천경찰서락성식 기회에 옛날 이 회상된다하야 시민측에서 이를 부활시킨 것이다.

위 기사는 그동안의 연구성과를 뒷받침하는 많은 자료를 제공하고 있으며, 청단靑丹의 의미가 보기 좋은 여러 가지 색채로 장식한 탈놀음을 뜻한다고 설명하고 있다. 그렇다면 청단이라는 의미는 1978~1979년 장정섭이 설명했던 "푸를 청靑자, 붉을 단丹자"라는 내용과 일치한다.[17] 또한 전라도 지방의 이청단李靑丹이라는 인물이 그 모친을 찾기 위해 시작된 것이라고 그 유래를 밝히고 있다. 따라서 청단靑丹은 예천 청단놀음 제작자의 이름을 차용한 탈놀이라는 것과 여러 가지 색채를 이용하여 화려하게 꾸민 탈놀이의 두 가지 의미를 담고 있다.

특히, 기사를 통해 알 수 있는 중요한 사실은 청단놀음이 매년 정초부터 보름 동안에 연행된 놀이라는 것이다. 그렇다면 정초에 벌어졌던 청단놀음은 귀신 쫓는 의식인 청단靑壇과 같은 맥락에서 이용된 것이다.[18] 청단놀음의 기물이 터서리당에 보관되어 있었다는 사실, 터서리당의 당신堂神이 '검덕부인(전라도 사람에게 타살당하고 원님에게 자기의 제사를 지내 달라고 꿈에 나타난 여자로 전해지고 있다)'이라고 논의된 이전 주민들의 제보를 통해 밝혀진 연구성과는 동본리 터서리당 동제를 지낸 후 벌인 놀이로 보았다.[19] 그러나 청단놀음이 연행된 때가 정초인지, 동제 이후인 정월 16일인지에 따라 놀이의 의미는 달라진다. 즉, 탈춤의 연행 시기가 중요한 이유는 청단靑壇의 기능이었는지, 검덕부인을 모신 후 오신娛神의 기능이었는지를 구분하는 데 중요한 단서가 되기 때문이다. 그러나 정초부터 보름 동안에 연행된 것은 고형으로 볼 수 있으며, 정월 16일에 연행된 것은 청단놀음이 중단된 후 변화된

---

17 한양명, 앞의 책, 134쪽.
18 『東國歲時記』, 帝釋條.
19 한양명, 앞의 책, 137~142쪽.

〈사진 4〉
경성일보 기사의 靑丹[20]

〈사진 5〉
조선일보 기사의 請端[21]

형태일 가능성도 존재한다. 그러나 청단놀음을 기억하고 있던 대부분의 제보자가 작고한 현 상황에서 청단놀음의 실제 연행 시기를 논하기 어렵다. 다만, 예천 청단놀음에서 청단靑丹은 색의 표현, 제작자의 이름, 청단靑壇의 의미를 복합적으로 담은 것이라 할 수 있다.

1938년『동아일보』기사는 청단靑壇을 청단靑丹으로 잘못 기재했을 가능성도 존재한다. 이러한 사실은 1936년 10월에서 11월 사이에 간행된『경성일보』와『조선일보』기사를 통해 추정이 가능하다. 예천경찰서 낙성식 기사에는 靑丹과 請端의 두 단어가 기록되어 있다. 하지만 請端이라는 용례는 지금까지 논의된 내용과 관계가 없으며, 사료에서도 사용된 예를 찾아볼 수 없다. 그러므로 청단놀음에서 청단의 한자어는 1936~1938년 신문기사와 1978~1979년 장정섭이 제보한 것인 靑丹으로 사용하는 것이 타당하다.

둘째, 앞장에서 논의한 예천경찰서 낙성식은 1938년도『동아일보』기사와 다르게 1936년 11월 15일에 거행되었다. 1936년 10월 25일『경성일보』기사는 11월 1일 예천경찰서 낙성식과 축하회가 거행된다고 기록하고 있다.[22]『조선일보』기사는 예천경찰서 낙성식 때의 여흥餘興으로 5일간의 명창대회, 3일간의 각희대회脚戱大會, 2일간의 궁도대회와 청단請端 고대유희古代遊戱, 한 차례의 자전거대회 등의 개최 소식을 전하고 있다.[23] 또한『경성일보』

---

20 「醴泉署の落成式」,『경성일보』, 1936.10.28.
21 「醴泉署落成式」,『조선일보』, 1936.10.25.
22 「醴泉署竣工 祝賀會の準備」,『경성일보』, 1936.10.25.
23 「醴泉署落成式」,『조선일보』, 1936.10.25.

1936년 10월 28일 기사에는 예천경찰서 낙성식을 기념하기 위해 2일간 청단靑丹이 연행된다는 내용을 기록하고 있다.[24] 마지막으로 『경성일보』 1936년 11월 19일 기사는 예천경찰서 낙성식이 11월 15일 오후 1시에 거행된 소식을 전하고 있다.[25] 따라서 예천경찰서 낙성식이 거행된 연도는 지금까지 알려진 1934년論, 1935년論, 1937년論이 아닌 1936년으로 수정되어야 하며, 낙성식이 거행된 날짜와 시간은 11월 15일 오후 1시였다.[26] 그러므로 청단놀음의 공식적인 마지막 공연은 1936년 11월 15일 낙성식 무렵 두 차례에 걸쳐 진행된 것이다.

셋째, 위의 기사에서는 예천 청단놀음이 일반적인 골계적 유희와는 다른 부모 봉양의 효성에서 나온 것으로, 그 동작은 조선 고대의 연극이자 예천만의 특유한 노름이라 밝히고 있다. 상기 1938년 『동아일보』의 기사는 정초의 풍속과 오락이라는 특집을 주제로 기획된 것이며, 청단놀음 외에도 강령탈춤, 봉산탈춤, 북청사자놀음, 하동 목골의 오광대, 동래야류를 소개하고 있다. 그런 점에서 『동아일보』에서는 이미 알려진 탈춤과 예천 청단놀음만의 특징을 비교하여 서술했다. 특히, 위 기사에서는 기존에 알려진 탈춤과 다른 계통의 것으로 골계적 유희와는 다른 고대의 연극으로 청단놀음을 주목했다. 따라서 청단놀음은 일반적인 탈춤과 다른 고대 연극의 성격을 지닌 기존의 것과 다른 유형의 탈놀이였다.

넷째, 청단놀음의 자세한 유래를 설명하고 있다. 위의 기사에서는 그 기원 연대를 알 수 없으나 1896년 병신란 때 청단 기구를 잃어버린 후 8~9년 만에 다시 만들어 놀았고, 한일강제 병합으로 중단된 후 1936년 예천경찰서 낙성식을 기념하기 위해 부활한 것이라 밝히고 있다. 상기 내용을 종합하면 청단놀음은 오랫동안 예천에서 정초에 연행된 독특한 탈놀이였고, 1896년 병신란 때 청단기구를 잃어버린 후 잠시 중단된 것이었다. 이후 8~9년 만에 또다시 청단 기구를 만들어 놀았던 탈놀이였으나, 일제의 강제 병합으로 전승력을 잃게

---

24 「醴泉署の落成式」, 『경성일보』, 1936.10.28. 기사에는 "고대유구청단(古代遊具靑丹)"으로 기록되어 있다.
25 「醴泉署落成式」, 『경성일보』, 1936.11.19.
26 예천경찰서 낙성식에 대하여 강원희를 비롯한 대부분의 연구에서는 1935년을, 한양명의 연구에서는 1934년으로 논하고 있다.

된 것이다. 그러므로 청단놀음은 일제강점기 이전 예천지역에서 오랜 기간 전승된 탈놀이였다.

다섯째, 위 기사는 청단놀음 기원에 대한 두 가지 설화를 제공하고 있다. 그중 하나는 전라도의 이청단이 병란으로 잃은 모친을 찾기 위해 시작되었다는 설이며, 나머지 하나는 큰 부호가 애첩을 찾기 위해 청단놀음을 만들었다는 설이다. 두 가지 설화 모두 예천에서 모친과 애첩을 찾은 후 모든 기구를 버렸으나 이것이 사邪가 되어 군내에 불상사가 생긴다고 하여 이를 예방하는 의미에서 연행하였다는 것이다. 지금까지 조사된 설화는 여러 편이 존재하지만, 내용이 크게 다르지 않다. 이런 점에서 예천 청단놀음은 지역주민들에 의해 공유되어 전승된 탈놀이라 하겠다.

여섯째, 1936년 11월 15일 예천경찰서 낙성식을 기념하기 위한 특별공연이었던 청단놀음은 재현된 것이다. 1936년 청단놀음 공연은 전승했던 주체들의 요구로 30여 년 만에 연행된 것이고, 이를 통해 1970년대 조사 시 지역주민들의 기억에서 재생될 수 있었다. 비록 당시 청단놀음 공연은 정월이 아닌 11월 15일 이벤트의 하나로 재현된 것이지만, 청단놀음의 전승에 중요한 사건이었다. 그 이유는 1936년 예천 청단놀음의 마지막 공연에 직·간접적으로 참여한 장정섭을 비롯한 여러 노인에게 기억되었고, 그들의 기억을 통해 1981년 재현될 수 있었기 때문이다.

3. 1981년 청단놀음의 재현과 그 이후 연행의 변화

1936년 예천 청단놀음의 재현에 참여한 이들은 1976년부터 시작된 청단놀음 조사 과정에서 중요한 제보자였다. 1970년대 강원희가 조사할 당시에는 1936년 양반역을 맡았던 장정섭을 비롯하여 마지막 공연에 직·간접적으로 참여한 다수의 노인이 생존해 있었다. 이들은 1936년 마지막 공연으로 중단된 청단놀음을 재현하는 데 풍부한 정보를 제공했다.

향토민속에 관심을 가졌던 강원희는 1978년 청단놀음을 기억하고 있던 사람들을 조사 정리한 글을 발표했고, 강원희에게 청단놀음에 관한 이야기를 전해 들은 안동대학교 성병희 교수도 같은 해 이에 대한 글을 발표했다. 이들의 연구는 지역주민들에게 잊혀졌던 청단놀음의 기억을 회상하는 역할을 하였다. 이것이 계기가 되어 1981년 청단놀음 출연단은 전국민속예술경연대회 민속무용 분야 경북 대표로 선발되었다.[27] 청단놀음의 고증과 연습을 주도한 강원희는 전국민속예술경연대회에 출연하기 전인 1981년 7월 24일부터 1981년 10월 20일까지의 일기를 남겼고, 그 주요 내용을 살펴보면 아래와 같다.[28]

〈사진 6-1〉 강원희 일기[29]

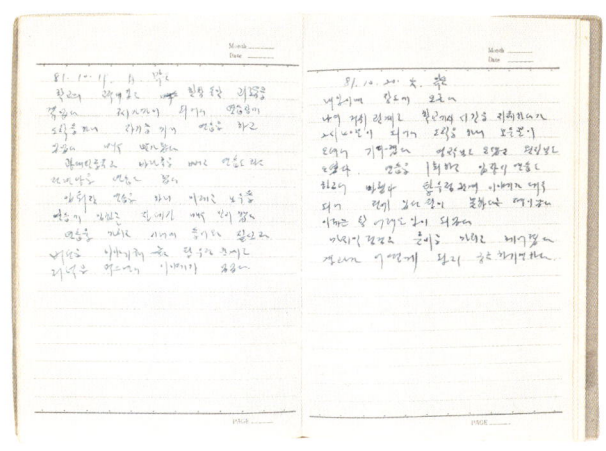

〈사진 6-2〉 강원희 일기 일부

---

27 1981년 제22회 전국민속예술경연대회 출연에 관해서는 한양명의 글을 참고한 것이다(한양명, 앞의 책, 51쪽).
28 강원희 일기는 예천박물관 허선미 학예사가 2023년 3월 4일 강원희 선생의 서울 자택에서 우연히 발견한 것이다. 강원희 일기는 예천박물관이 청단놀음 특별전시회를 준비하기 위해 잠시 빌려온 것으로 학계에 처음으로 공개되는 자료이다.
29 강남숙 제공.

① 7월 25일: 용상 2동 새박골 박노인을 찾아 청단놀음에 대해 재조사를 하였다.
② 7월 26일: 김진구씨를 재조사함. 옷을 제작하였다.
③ 7월 27일: 군수와 같이 장선생님의 탈 제작과정을 들어보았다.
④ 7월 30일: 소도구 관계로 이야기가 있었고 문화원 이사님께서 몇 분 다녀가셨다.
⑤ 7월 31일: 노인들이 몇 분 와서 옛날의 기억을 더듬으며 이야기를 해주고 갔다.
⑥ 8월 1일: 도에서 손님이 오신단다. 의상을 모두 가져왔다. … 용상동 박상열씨가 오셔서 가락과 의상, 춤을 보고 매우 흡족해하고 옛날과 같다고 하셨다.
⑦ 8월 6일: 탈이 완성되어서 탈을 쓰고 연습하니 조금이라도 연습하는 기분이 들었다.
⑧ 8월 7일: 서장님과 교육장님이 오셔서 연습 과정을 지켜보시고 음료수를 갖고 오셨다. 5시쯤에는 군수님이 오셔서 지켜보시고 조언을 많이 해주셨다.
⑨ 8월 8일: 군수님과 서장님, 농협지부장님이 다녀가셨다. … 소도구를 빨리 갖추어야될 터인데 생각하니 무언가 손발이 맞지 않는 것 같다.
⑩ 8월 10일: 장비와 소도구가 도착했다. 그래도 부족한 것이 있으니 곤란한 문제다.
⑪ 8월 12일: 이때 쌓아온 실력을 평가받는 날이다. … 도 문화과장, 권박사(권영철), 성교수님께서 도착해서 바로 평가에 들어갔다. … 군수님, 서장님께서도 참가하여서 대단한 열의를 보여주었다.
⑫ 8월 15일: 그동안 쌓아온 실력을 공개하는 날이다. … 광복절 기념식이 끝나고 곧이어서 청단놀음이 공개되었다. … 우리 고장에도 저런 탈춤이 있었나 하고 생각하는 이도 있었고 특히 노인들은 예전의 청단이라는 것을 알고 있었으므로 모두들 진지하게 구경했다.
⑬ 8월 19일: 서울서 초청 강사가 왔다고 연락받고 기다렸다가 … 같이 이야기했다. 이인영(李仁榮)씨는 금년에 29세의 총각이란다. 심우성씨의 추천으로 왔는데 의사가 통할거라고 믿어진다.
⑭ 8월 20일: 한가지 난관은 우리는 이때까지 왼발 왼손부터 첫 장단에 맞추어 왔는데 대체로 춤사위 보는 것이 대개 오른발 오른손이라고 하여 어떻게 할 것인가를 놓고 논의 끝에

예전의 것대로 해보니 이상한 것이 발견되기도 했다. 어려운 일이긴 하나 바른 춤사위에 맞게 고쳐야 하리라 믿어진다.

⑮ 8월 23일: 연습 도중에 군수님과 조합장님이 오셔서 격려를 해 주셨다.

⑯ 8월 29일: 이선생이 온지 오늘이 10일째다. 마지막으로 연습을 시켜주었다.

⑰ 9월 15일: 성교수님께서 직접 지도에 임하고 계셨다. 주지놀음에서 두 분이 맞지가 않아서 원장님과 싫은 이야기가 오고 간 모양이다.

⑱ 9월 24일: 제2차 평가를 받는 날이다. … 군수님, 도문화과장, 권박사, 성교수께서 참석한 가운데 질서정연하게 공연하고 교수님들의 평가와 지시사항 고쳐야 될 점을 듣고서 따로 모임을 가졌다.

⑲ 10월 15일: 문화제 행사 날이다. … 청단놀음 시연이 있었다. 예상대로 모두들이 아주 잘해 주었다. 계속해서 저 정도만 해 주었으면 가능성이 있지 않나 생각이 들고 모든 구경꾼과 임석하신 내빈들도 한결같이 참말로 잘해 주었다고 입을 모아 이야기한다.

⑳ 10월 17일: 도청광장에서 11시 30분에 시연과 평가를 받았다. 부지사님께서는 보시고 안동하회별신굿보다 더 좋다고 말씀하셨다. 내가 양반춤을 추고 지연광대춤의 2개 역을 했다. 모두들 만족해 했다. 원장님과 성교수와의 불미스러운 일도 있었다. 오늘 하루는 기쁘기도 하고 괴로운 하루였다. "재주는 곰이 부리고 돈은 됏놈이 먹는 격이다."

㉑ 10월 20일: 탈 수정 관계 이야기가 대두되어 전에 있던 탈이 못하다는 평이 났다. 이제는 퍽 어려운 일이 되었다. 마지막 점검과 준비를 마치고 헤어졌다. 경과가 어떻게 될지 궁금하기만 하다.

위의 내용은 강원희가 기록한 일기 가운데 몇 가지만을 간추린 것이다. 청단놀음 출연단은 1981년 7월 무렵부터 10월까지 본격적으로 연습하였다. ③, ④, ⑥, ⑧, ⑨, ⑪, ⑮와 같이 청단놀음 출연단의 연습기간에 군수, 경찰서장, 교육장, 경상북도 문화재과장, 문화원장, 조합장 등이 자주 방문하는 등 지역 인사들은 많은 관심을 표출했다. 이러한 이유는 1979년 전국민속예술경연대회에 경북 대표로 출전했던 예천 통명농요 출연단이 대회 최고상인 대통령상을 수상했고, 2년 만에 경북을 대표하여 청단놀음 출연단 참가가 결정됨으로써 또다시 큰 상을 받게 될 것이라는 지역사회의 기대가 반영되었기 때문이었다.

청단놀음 연습을 진행하는 과정에서 궁금하거나 해결되지 않는 부분에 대해 강원희는 지역 원로들을 만나 재조사하였고, 이를 출연과정에 반영하고자 노력했다. 대회 참가를 위한 연습으로 바쁜 나날을 보냈던 강원희는 ①, ②, ⑤, ⑥과 같이 1936년에 재현된 청단놀음에 대한 추가 조사를 진행했고, 간혹 노인들이 연습장을 찾아와 제보해 준 정보를 참고했다. 특히, 예천읍 용산리에 살았던 박상열은 연습장에 찾아와 가락, 의상, 춤을 보고 옛날과 같다고 평가했다. 그러나 대회 이후 강원희가 여러 차례 청단놀음에 대한 글을 발표했지만,[31] 그들의 제보 내용은 확인되지 않는다. 그 이유는 당시 강원희가 청단놀음 발굴자이자 출연자로 연습과 지도에 바쁜 나날을 보냈기 때문에 미처 기록할 수 없었던 것으로 추측된다.

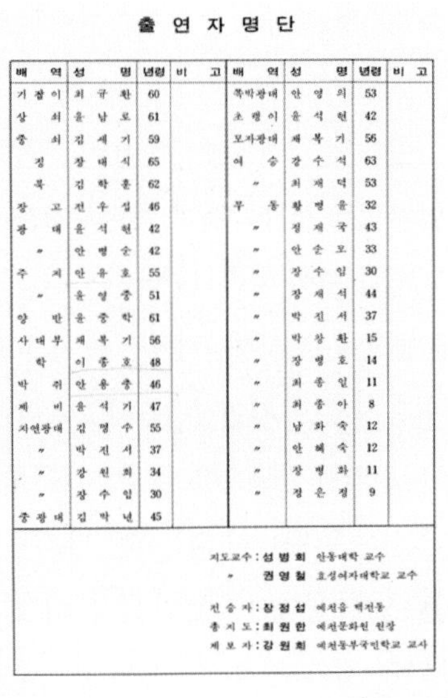
출연자명단

배역	성명	년령	비고	배역	성명	년령	비고
거찰이	최규환	60		쪽박광대	안영의	53	
상쇠	윤남로	61		초랭이	윤석현	42	
종쇠	김세기	59		모자광대	채복기	56	
징	장태식	65		여승	강수석	63	
북	김학훈	62		〃	최재덕	53	
장고	전우섭	46		무동	황병윤	32	
광대	윤석현	42		〃	정재국	43	
〃	안병순	42		〃	안순모	33	
주지	안용호	55		〃	장수임	30	
〃	윤영중	51		〃	장재석	44	
양반	윤종학	61		〃	박진서	37	
사대부	채복기	56		〃	박창환	15	
학	이종호	48		〃	장병호	14	
박쥐	안용충	46		〃	최종일	11	
제비	윤석기	47		〃	최종아	8	
지연광대	김명수	55		〃	남화숙	12	
〃	박진서	37		〃	안혜숙	12	
〃	강원희	34		〃	장병화	11	
〃	장수임	30		〃	정은정	9	
총광대	김박년	45					

지도교수 : 성병희 안동대학 교수
〃 권영철 효성여자대학교 교수

전승자 : 장정섭 예천읍 백전동
총지도 : 최원한 예천문화원 원장
제보자 : 강원희 예천동부국민학교 교사

〈사진 7〉 1981년 제22회 전국민속예술경연대회 예천청단놀음 리플릿[30]

대회 참가가 결정된 이후부터 출연단에서는 공연에 필요한 의상, 탈, 장비, 소도구 등을 급박하게 준비하였다. 출연단에서는 의상 7월 26일(②), 탈

30 예천청단놀음보존회 제공.

31 강원희, 「醴泉청단」, 『향토문화』 4, 향토문화연구회, 1988; 강원희, 「예천청단놀음」, 『향토문화』 14, 향토문화연구회, 1999; 강원희, 「醴泉靑丹놀음」, 『공연문화연구』 8, 한국공연문화학회, 2004.

8월 6일(⑦), 장비와 소도구를 8월 10일(⑩)에 마련하였다. 이 외에도 버선과 신과 같은 소품을 대회 직전에 갖추었다.[33] 특히, 대회를 이틀 남긴 날 출연단에서는 탈 수정 문제(㉑)가 대두되었다. 그 원인은 청단놀음 출연단이 급작스럽게 결정된 후 마당 구성, 춤사위 학습과 지도 등이 촉박한 대회 일정에 맞춰 진행되었기 때문이었다.

1981년의 대회 팜플릿에는 지도교수 성병희, 권영철, 총지도 예천문화원 최원한, 제보자 강원희로 기록되어 있다.[34] 그런데 일기에는 실제와 다르게 강원희가 거의 매일 연습장에 출근하였고, 주로 강원희가 출연자들을 지도한 것으로 나타난다. 이외 대회 출연자들은 ⑬, ⑯과 같이 외부에서 강사를 초빙하여 춤사위에 대한 집중적인

〈사진 8〉 예천문화제 포스터[32]

교육을 받았다. 또한 ⑰번과 같이 안동대학교 민속학과 성병희 교수가 연습장에서 직접 지도한 기록도 여러 차례 나타난다. 그리고 장단과 동작이 맞지 않는 상황에서 ⑭와 같이 자체적인 논의를 통해 해결했다.[35] 따라서 청단놀음을 재현하는 데 가장 중요한 역할을 담당했던 사람 중 한 명은 당시 32세였던 강원희(1950년생)였고, 그는 도청에서 열린 마지막 평가에서 양반과 지연광대의 두 가지 역할을 담당할 정도로 대회 출전에 적극적으로 가담한 인물이었다.

---

32 예천문화원 제공.
33 강원희의 일기에는 10월 19일 예천 시내에 들려 짚신과 버선을 이야기해 놓았다고 적고 있다.
34 예천군, 「청단놀음」, 제22회 전국민속예술경연대회 팜플릿, 1981.
35 1981년 영상과 현재의 영상에서도 마당별 연행은 오른발부터 시작한다.

청단놀음 출연단은 전국민속예술경연대회에 출전하기 전 세 차례의 평가와 두 차례의 시연을 진행하여 기예를 높였다. 경북도청에서는 청단놀음 공연의 평가를 ⑪, ⑱, ⑳과 같이 달에 한 번씩 세 차례 요구했다. 그리고 청단놀음 출연단은 ⑫, ⑲와 같이 광복절과 예천 문화제 행사에 초청되어 시연했다. 특히, 광복절 시연 날에 강원희는 "청단을 알고 있는 노인들이 진지하게 구경했다"라고 기록했다. 위 기록은 1981년 당시 1936년 청단놀음을 기억하고 있던 다수 노인의 제보를 통해 고증되고 재현된 것임을 의미한다.

주목되는 점은 ⑰, ⑳과 같이 성병희 교수와 문화원장 간의 이견이 있었다는 것이다. 당시 성병희는 하회별신굿탈놀이의 복원 과정에서 원형에 대한 시비가 오랫동안 진행된 것을 알고 있었기 때문에 고증을 토대로 한 재현을 주장했을 것이며,[36] 반면 문화원장은 대회에서 큰 상을 받기 위해 특별한 것을 주문했던 것으로 추측된다. 이에 대해 2013년 강원희는 "군수를 비롯한 지역 유지들이 재현 과정에 내용을 보태어 다른 방향으로 진행된 것이며, 이로 인해 학자와 지역 인사가 마찰하였다"라고 밝혔다.[37] 그러므로 1981년 청단놀음은 지역 유지들의 적극적인 관심과 특별하게 보이고 싶었던 욕심으로 인해 변형된 탈놀이로 재현된 것이다.

1979년 통명농요는 전국민속예술경연대회에서 대통령상을 수상한 후 1981년 경상북도 무형문화재, 1985년 국가 중요무형문화재로 지정된 종목이다.[38] 반면 청단놀음 출연단은 1981년 동 대회에서 장관상을 받았지만, 이후 문화재 지정에 실패했다. 당시 문화재위원회에서 부결된 사유는 청단놀음의 역사성을 비롯한 원형에 대한 논란이었다.[39] 그러나 청단놀음에 대한 자료는 수많은 원로의 제보와 강원희·성병희의 발표를 통해 역사성 확인과 연행의 재현이 가능했고, 여타 국가무형문화재로 지정된 탈놀이보다도 풍부했다. 가령 1980년

---

36 박진태, 『하회별신굿탈놀이』, 피아, 2006, 243쪽.
37 강원희, 「醴泉 靑丹 놀음」, 『예천청단놀음 재조명을 위한 학술세미나』, 예천군, 2013, 141쪽.
38 강원희, 『醴泉通明農謠』, 예천 통명농요 보존회, 1992, 37~38쪽.
39 예천군, 「청단놀음 모임 보고서」, 2001.01.18.

국가중요문화재로 지정된 하회별신굿탈놀이의 재현과 비교해 보면, 이 탈춤은 1978년 마지막 하회별신굿(1928) 때 17세 총각으로 각시역을 맡아 탈놀이에 참여했던 이창희李昌熙(1913년생)옹을 찾아 그의 지도로 같은 해 전국민속예술경연대회에 출전하여 문화공보부장관상을 받았다.[40] 이를 계기로 1980년 10월 문화재관리국에서는 하회별신굿탈놀이의 문화재 지정에 대한 조사를 시행하여 같은 해 11월 하회별신굿탈놀이를 지정했다.[41] 하지만, 청단놀음이 45년, 하회별신굿탈놀이가 50년이라는 시간이 흐른 뒤 재현된 탈놀이라는 점에서 두 탈춤 모두는 무형문화재라는 특성상 원형에 대한 논의가 불가한 대상이었다.

1981년 대회에서는 청단놀음이 1978년 강원희와 성병희가 조사한 내용과 다르게 학춤과 바라춤 등을 추가하여 연행되었다.[42] 또한 강원희 일기 내용과 같이 탈 복원도 문제점으로 작용했던 것으로 보인다. 즉, 청단놀음은 1936년 청단놀음에 직·간접적으로 참여한 노인들의 제보를 통해 재현된 것으로, 문화재 지정에 기회가 있었음에도 행정당국의 관심과 지원을 받지 못한 탈춤이었다.[43] 이후 행정기관의 적극적인 지원이 부재했던 상황에서 청단놀음의 전승 활동은 잠시 중단되기도 하였다.

1987년 또다시 대회 출전 기회를 얻게 된 출연단은 1981년도에 출연한 사람을 중심으로 연습을 진행했고, 마당 순서도 재구성하였다. 이러한 변화는 문화재 지정을 염두에 둔 것이었다. 청단놀음보존회는 1987년부터 문화재 지정을 위해 지속해서 노력했음을 알 수 있다.

1978년 강원희와 성병희가 조사한 내용을 기준으로 2014년까지 청단놀음 공연의 연도별 마당 순서와 명칭 변화를 살펴보면 아래의 〈표 1〉과 같다.

---

40 이두현·심우성,「河回別神굿탈놀이」, 문화재관리국, 1980, 3~4쪽; 박진태, 앞의 책, 피아, 2006, 243쪽.
41 박진태, 위의 책, 243쪽.
42 예천군,「제22회 전국민속예술경연대회 팜플릿」(1981).
43 김학상씨는 "(예천에서) 79년도 81년도 전국대회에 나갔단 말이에요. 나갔는데 2년 상간에 또 여기를 예천청단놀음을 준다는 게 맞지 않거든. 그게 전국에서도 서로 돌아가면서 뭔가 그걸 해야 되고 … 또 교수들이 로비를 해야 하고 교수끼리 심사위원들하고 뭔가 이루어져야 이쪽에서 그거 하지 그냥 있어 가지고는 될 일이 아니란 말이야(김학상(남, 1950년생)씨 이야기, 2023년 4월 7일, 정상빈 조사).

〈표 1〉 청단놀음 공연의 연도별 마당 순서와 명칭 변화

연행연도 마당명	1978년	1981년	1987년	2002년	2010년	2014년
1마당	광대판놀이 (농악놀이와 장고춤)	광대놀음	광대판놀음	주지놀음	광대판놀음	광대북놀음 (사이마당)
2마당	행의놀이 (농악놀이와 장고춤)	주지놀음	행의놀음	광대판놀음	행의놀음	양반놀음 (사이마당)
3마당	주지놀이 (농악놀이와 장고춤)	행의놀음	주지놀음	행의놀음	주지놀음	주지놀음 (사이마당)
4마당	지연광대놀이 (농악놀이와 장고춤)	학춤	지연광대놀음	지연광대놀음	지연광대놀음	지연광대놀음 (사이마당)
5마당	얼레방아놀이 (농악놀이와 장고춤)	지연광대놀음	얼래방아놀음	얼레방아놀음	얼레방아놀음	중놀음 (사이마당)
6마당	무동놀이	파계승놀음	무동	무동놀음	무동	무동놀음
7마당		바라춤				
8마당		무동				

〈표 1〉에서는 강원희와 성병희의 1978년 발표내용과 이후의 연행에서 다수의 다른 점이 발견된다.[44] 1981년 전국민속예술경연대회에 출전한 예천 청단놀음 출연단의 마당 구성과 명칭은 광대놀음, 주지놀음, 행의놀음, 학춤, 지연광대놀음, 파계승놀음, 바라춤, 무동 순이었다.[45] 이 대회에서 공연 구성은 이전의 조사내용과 관계없는 학춤과 바라춤이 추가된 것이었고, 행의놀음과 주지놀음의 순서가 변경되었다. 1987년 대회에서의 마당 순서는 1978년 강원희의 발표내용과 같았다. 다만, 마당의 명칭이 놀이가 놀음으로 변경되었을 뿐이다.[46] 그리고 2002년 한국민속예술축제에서 마당 순서는 주지놀음, 광대판놀음, 행의놀음, 지연광대놀음, 얼레방아놀음, 무동놀음 순으로 또다시 변경되었다.[47] 그러나 청단놀음에 관한 종합적인 연구서가 발간된 2004년 이후부터 마당 순서가 정형화되었다.[48] 당시 마당 순서의 변화는 청단놀음보존회에 의해 이루어진 것이지만, 일정 부분 민속학자들의 의견을 반영한 것이었다. 이렇듯 청단놀음의 마당 순서는 지속해서 변화했지만, 1987년부터 6마당으로, 2004년 이후부터 강원희가 처음 조사발표 한 내용을 근거로 마당의 순서가 정형화되었다.

청단놀음의 마당별 탈의 변화도 주목된다. 1981년 이후 청단놀음의 연행에서는 1978년 강원희와 성병희가 조사한 내용과 다르게 나타난다. 청단놀음 연행의 연도별 출연 배역과 탈의 변화내용을 정리하면 아래의 〈표 2〉와 같다.

44　강원희, 「내 고장 민속놀이」, 『예천교육』 10, 예천교육청, 1978; 성병희, 「醴泉청단놀이」, 『우리고장의 民俗』, 경상북도, 1978.
45　예천군, 「제22회 전국민속예술경연대회 팜플릿」(1981).
46　경상북도, 「제28회 전국민속예술경연대회 팜플릿」(1987).
47　경상북도, 「제43회 한국민속예술축제 팜플릿」(2002).
48　통명농요보존회, 「제20회 예천통명농요 정기발표공연 팜플릿」(2010).

〈표 2〉 청단놀음 연행의 연도별 출연 배역과 탈의 변화

○: 탈을 쓰고 연행한 것을 표시함

연행연도 배역	1978년	1981년	1987년	2002년	2010년	2014년
북광대(2)	○	○	○	○	○	○
양반	○	○	○	○	○	
사대부		○	○	○	○	
쪽박광대	○	○	○	○	○	○
중광대	○	○	○	○	○	○
주지(2)	○	○	○	○	○	○
지연광대(4)	○	○	○	○	○	○
얼레방아	○	○	○	○	○	○
여승(2)		○				
무동꾼(6)		○	○	○		
모자광대		○				
학		○				
박쥐		○				
제비		○				
꼽추			○			

　〈표 2〉와 같이 연행을 지속하는 과정에서 배역마다 탈의 착용 여부가 변화하였다. 자세히 살펴보면, 강원희와 성병희는 1978년 글에 양반 1명만 등장하고 탈을 쓴다고 발표했다.[49] 그러나 1981년의 연행에서는 사대부가 추가되어 양반과 사대부가 탈을 쓴 채 진행되었고, 2015년 문화재위원회 1차 현지조사 이후부터 탈을 쓰지 않는 것으로 변화되었다.[50] 이는

49　강원희, 앞의 논문(예천교육청, 1978), 258쪽; 성병희, 앞의 논문, 118쪽.

1936년 마지막 공연에서 양반역을 맡았던 장정섭이 1978~1979년 사이에 제보한 사대부 배역에 관한 내용을 청단놀음출연단이 수용했기 때문이다.[51]

강원희의 1978년도 글에는 무동꾼이 탈을 쓴다는 기록이 없는 데 반해 성병희의 1978년 글에는 무동꾼이 탈을 쓴다고 기록되어 있다.[52] 그러나 1981년 공연에서는 무동꾼이 탈을 쓰고 연행하였고, 2004년 무렵부터 탈을 벗은 채 공연하는 것으로 변화였다.[53] 이것은 1978~1979년 사이 장정섭이 무동꾼은 탈을 쓰지 않는다고 제보했고, 2002~2004년 사이 전계호 또한 같은 내용을 제보했기 때문에 이를 청단놀음보존회에서 수용했던 것이다.[54]

1978년 강원희와 성병희는 2무동으로 조사하였다. 그러나 1981년과 1987년의 공연에서는 3무동이 출현했다. 이에 대해 한양명은 장정섭, 최영준, 박옥성의 제보 내용을 정리하여 기본형 2무동 5조이며, 때에 따라 무동의 수를 10조로 늘리거나 3무동을 채택하였음을 밝혔다.[55] 그렇지만 2001년 국제탈춤페스티벌 초청공연에서는 2무동 6조, 2003년 한국민속촌 초청공연에서는 2무동 5조, 2015년 문화재 심사에서도 2무동 5조, 2016년 문화재 심사에서 2무동 3조로 진행되었다. 그리고 2016년 이후 2무동 3조로 연행된 이유는 보존회의 전승 기반 약화로 지역에서 무동을 구할 수 없었기 때문이었다.[56]

이 외에도 강원희와 성병희의 1978년 발표내용과 다르게 1981년 연행 구성에는 학, 박쥐, 제비, 모자광대의 배역과 그 탈이 추가되었고,[57] 1987년 연행 구성에는 꼽추와 그 탈이 추가

---

50 2015년 9월에 진행된 삼강주막 상설 공연에서 양반과 사대부는 탈을 쓴 채로 공연하고 있다(예천군, 「삼강주막 주말 상설공연 영상」(2015)).
51 한양명, 앞의 책, 172~173쪽, 참조.
52 강원희, 앞의 논문(예천교육청, 1978), 263쪽; 성병희, 앞의 논문, 120쪽.
53 2003년 「한국민속촌 초청공연」에서는 무동꾼이 탈을 쓰고 있으나, 2004년 예천군의 학술 조사 연구 용역 이후에는 무동꾼이 탈을 쓰지 않고 있다.
54 한양명, 앞의 책, 174쪽 참조.
55 한양명, 위의 책, 166~171쪽 참조.
56 안현진(남, 1961년생)씨 이야기, 2023년 3월 7일.
57 예천군, 「제22회 전국민속예술경연대회 팜플릿」(1981).

되었다.⁵⁸ 이에 대해 한양명은 "모자광대는 청복동 풍물의 잡색 가운데 하나로 추가된 것이고, 꼽추는 구경하던 한 노인이 난장이가 있었다는 제보에 따라 강원희가 추가한 것"임을 밝혔다.⁵⁹ 그러므로 1987년 이후 공연에서는 꼽추가 이전 조사에서 어느 제보자도 언급하지 않았고, 청단놀음의 각 마당과 무관하다는 이유에서 제외되었다.

마지막으로 1978년 강원희는 청단놀음에 대해 일언극一言劇으로, 성병희는 묵극默劇으로 발표했으며, 두 사람 모두 얼레방아만이 "이놈 중아" 또는 "일심 중아"라는 한 마디 대사를 한다고 기록하였다.⁶⁰ 1981년 전국민속예술경연대회 연습 과정을 촬영한 영상자료에는 중놀음에서 얼레방아가 "땡중"이라 한 것이 녹화되어 있다.⁶¹ 그러나 2000년 이후의 청단놀음 연행을 촬영한 영상에서는 얼레방아의 대사가 확인되지 않는다.⁶² 2015~2016년 문화재 지정신청 과정에서도 연구자는 얼레방아의 대사를 들을 수 없었으며, 얼레방아 역을 맡은 조춘식에게 물어본 결과 대사를 하지 않는다는 답변을 얻을 수 있었다.⁶³ 나아가 문화재 지정 이후 대부분 영상자료에서 대사를 확인할 수 없었으며,⁶⁴ 2023년 3월 현재 얼레방아는 대사를 하지 않고 있다.⁶⁵ 이렇듯 청단놀음의 마당 순서, 배역, 탈, 대사 등은 일부 연구자들이 놀음의 고형을 탐구하고 문화재 지정을 논의하는 데 많은 혼란을 초래했고, 전승기반이 약해진 상황에서도 지속해서 변형되고 있다.

---

58 경상북도, 「제28회 전국민속예술경연대회 팜플릿」(1987).
59 한양명, 앞의 책, 157쪽.
60 강원희, 앞의 논문(예천교육청, 1978), 256쪽; 성병희, 앞의 논문, 117쪽.
61 예천박물관 소장, 「전국민속예술경연대회 연습공연」(1981).
62 예천박물관 소장, 「안동국제탈춤페스티벌 초청공연」(2001); 예천박물관 소장, 「한국민속촌 초청공연」(2003); KBS1, 「6시 내고향 방송본」(2004).
63 조춘식(남, 1963년생)씨 이야기, 2015년 11월 27일.
64 2018년도 예천 삼강막걸리축제에서 얼레방아가 "야! 이놈 중아"라고 하고 있으나, 다른 영상에서는 찾을 수 없었다(청단놀음보존회, 「예천 삼강막걸리축제 청단놀음」(2018); 국립민속박물관, 「예천 청단놀음 영상」(2021); 청단놀음보존회, 「제5회 청단놀음 정기발표회 공연 영상」(2022).
65 안현진(남, 1961년생)씨 이야기, 2023년 3월 7일.

지금까지 살펴본 바와 같이, 청단놀음이 문화재 지정에 실패했던 주된 요인은 1981년 청단놀음의 재현 과정에서 지역 인사들의 요구로 인해 조사된 내용과 다르게 변형되어 재현되었고, 이후 행정당국의 관심과 지원을 받지 못했기 때문이었다. 당시 강원희의 발표문은 1936년 청단놀음 공연에 직·간접적으로 참여한 여러 노인을 조사·연구한 것이었다. 하지만, 1981년 마당 구성과 탈에 대한 변형 논란으로 청단놀음에 대한 가치를 인정받지 못했고, 문화재관리국에서도 청단놀음을 주목하지 않은 데 있었다. 이에 따라 최근까지 학계에서는 청단놀음을 변형된 탈춤으로 인식했던 것으로 보인다.

4. 문화재 신청 과정과 지정 이후의 변화

지금까지 예천 청단놀음보존회가 문화재 지정 신청을 시도한 횟수는 1988년, 1995년, 2010년, 2014년의 4차례이다.[66] 1981년 대회에서 청단놀음 공연단은 문화공보부 장관상을 수상했지만, 문화재관리국에서는 하회별신굿탈놀이처럼 직권으로 문화재 지정을 추진하지 않았다. 더구나 청단놀음보존회는 1987년 전국민속예술경연대회 참가 후 두 차례나 문화재 지정을 추진했지만 실패했다. 그 이유는 원형을 잃은 탈놀이라는 표면적 문제도 있겠으나, 1964년 양주별산대놀이부터 1980년 하회별신굿탈놀이까지 13건의 탈춤이 중요무형문화재로 지정되어 문화재관리국의 탈춤 추가 지정에 대한 의지가 약해졌기 때문인 것으로 보인다.

15년이 지난 2002년, 청단놀음보존회는 전국민속예술경연대회를 전신으로 하는 한국민속예술축제 경상북도 대표로 출전하게 되었다.[67] 당시 충주에서 진행된 대회에서 청단놀

---

66 「예천 청단놀음 문화재 지정신청서」에는 문화재관리국에서 1995년 발송한 문서에 문화재 지정 신청과 사유가 수기로 기록되어 있으며, 이를 정리하면 4차례 작성된 것이다.

음보존회는 높은 등급의 상이 아닌 노력상을 수상했지만, 이를 계기로 예천군의 적극적인 지원을 요청했다. 그리하여 청단놀음보존회는 2003년부터 청단놀음에 대한 학술 연구 용역,[68] 고증을 통한 의상 제작,[69] 학술세미나 개최 비용 등을 예천군으로부터 지원받았다. 특히, 2010년 3월 청단놀음보존회에서는 2004년 연구성과를 토대로 문화재 지정신청서를 제출했다.[70] 하지만, 경상북도 문화재위원회에서는 현지 조사도 진행하지 않은 채 원형 문제를 이유로 문화재 지정에 대한 행정절차를 보류했고,[71] 비공식 의견으로 학술세미나를 개최하여 『예천 청단놀음(2004)』에 대한 전문가들의 의견 수렴을 제안했다. 이러한 결정은 도 문화재담당 부서가 오랜 기간 도 문화재위원으로 참여한 민속학전공자 B위원의 의견을 수용한 것이었고, 이는 행정절차를 진행하여 신청자와 기초자치단체의 의견을 청취하는 일반적인 행정절차와 다른 방식이자 문화재 지정 신청인이나 단체에게 추가적인 사항만 제시한 부당한 요구였다.

그리하여 청단놀음보존회는 그들의 요구를 수용하기 위해 학술대회 개최 비용을 예천군에 요청했다. 비록 3년 후인 2013년 예천군은 학술대회 보조금을 지원했지만, 원칙적으로 문화재 신청자가 그 비용을 부담해야 하는 것이었다. 당시 청단놀음보존회는 학술대회 개최 비용을 마련할 만큼의 재정을 갖추지 못했으며, 예천군의 지원이 없었더라면 전승 동력마저 약해졌을 것이다. 즉, 충분한 재정력을 갖추지 않은 단체나 개인의 문화재 지정 추진과정에서 문화재위원회의 불필요한 행정절차 요구는 문화재 지정의 지연과 지정을 포기하는 결과를 낳게 하는 것이다.

한편, 2010년 당시 청단놀음보존회장은 1998년부터 3선을 한 군수와 가까운 사이였기

---

67 경상북도, 「제43회 한국민속예술축제 팜플릿」(2022).
68 한양명, 앞의 책(예천군, 2004).
69 예천군, 「2004 예천 청단놀음 공개행사 공연 보조금 교부 결정 및 교부」(2004.10.11.); 예천군, 「예천 청단놀음 원형복원사업 사업비 보조금 교부결정 및 교부」(2004.12.28.).
70 경상북도, 「청단놀음 문화재 지정신청에 대한 회신」(2010.04.27.).
71 경상북도, 「청단놀음 문화재 지정신청에 대한 회신」(2010.04.27.).

때문에 예천군의 보조금 지원에 대해 긍정적으로 생각했다. 하지만 당시 보존회장은 2010년 하반기 실시된 지방선거에서 현 군수가 지원하는 후보자를 도와 선거운영을 지원했고, 이때 상대편 후보가 당선됨에 따라 예천군의 보조금 지원 요구도 어려워졌다. 2012년 보존회장이 다른 사람으로 교체되면서 보조금 지원 요청에 대한 논의가 재개될 수 있었다. 즉, 기초자치단체장의 선거결과는 보조금 지원에 일정 부분 영향을 끼쳤고, 이 문제는 정치적 견해를 달리하는 보존회장의 교체를 통해 해결될 수 있었던 것이다.

2013년 개최된 학술세미나는 처음으로 청단놀음을 주제로 전문가들이 모여 논의를 진행한 유의미한 행사였지만, 기존의 연구성과를 반박할 만한 새로운 내용이 도출되지 않은 형식적인 행사였다. 학술세미나에서 관련 전문가들이 제시한 원형에 대한 이견 대부분은 이미 2004년 예천군에서 실시한 학술 연구 용역에서 다룬 내용이었다. 주된 논의는 靑丹의 한자어가 靑壇이라는 것, 마당의 명칭, 광대북놀음 마당에서 북의 거치 유무, 양반의 복장과 소품 등이었고, 일부 의견은 문화재 지정 여부와 상관없는 것이었다. 즉, 학술세미나는 2010년도 문화재 지정 절차를 지연하고 행사 비용만 낭비한 결과만 초래했다. 이것은 문화재 분야 최종심급最終審級을 다루는 문화재위원회의 권위를 내세운 잘못된 결정으로 시간과 예산을 소비한 것이었고, 이에 따라 문화재 지정 이전 강원희를 비롯한 일부 회원마저 탈퇴하거나 작고하는 결과를 초래했다. 당시 예천군과 청단놀음보존회는 문화재위원회의 결정이 부당하다고 판단했지만, 향후 문화재 지정을 위해 강력한 반대 의견을 제시하거나 항의할 수 없었다.

이듬해인 2014년 예천군에서는 학술세미나에서 도출된 일부 내용만을 수정하여 문화재 지정 신청서를 또다시 제출했다. 당시 신청서는 기존 마당 명칭인 광대판놀음을 광대북놀음으로, 행의놀이를 양반놀음으로, 얼레방아놀이를 중놀음으로 수정하여 작성되었다. 마당명칭은 1981년 강원희와 성병희의 발표한 내용과 다른 것이었으나, 문화재 지정을 위해서 학술대회에서 도출된 내용으로 수정하여 문화재위원회의 의견을 수용한 것이다. 나아가 문화재 지정신청서 작성 과정에서 연구자는 1938년도 『동아일보』의 청단놀음 기사를 새롭게 발견하였고, 이를 토대로 기원과 유래, 설화에 대한 내용을 보강하였다.

2014년 문화재 지정 신청 이후에는 두 차례의 현지조사와 한 차례의 문화재위원회 심의가 진행되었다. 그리고 문화재위원과 조사위원 간의 의견 절충 과정은 1차 심사 이후, 2차 심사 이후, 문화재위원회 개최시로 세 차례 진행되었다.

첫 번째는 2015년 11월 27일 1차 심사 이후 문화재 지정을 지지한 민속학전공자 A위원과 문화재 지정에 기예가 부족하다는 의견을 제시한 한국무용전공자 C위원, 민요전공자 D위원, 한국음악전공자 E위원 사이에서 발생했다. 당시 A위원은 "불분명하거나 착종된 부분이 있지만, 2004년 정리된 학술연구 자료와 예천군에서 작성된 교본을 토대로 지정하지 아니하면 완전히 단절될 것"이라는 입장을 피력하여 나머지 위원을 설득했다. 당시 문화재 지정에 찬성입장을 밝힌 A위원은 심사의견서 작성을 주도했고, 나머지 위원은 A위원의 입장에 따라 찬성과 반대의 입장을 표명하였으며, 일부 내용 보완 등의 의견을 제시했다. 이 과정에서 조사위원 간에 문화재 지정에 대한 찬성과 반대라는 공식입장이 정리되었고, 내용의 보완사항도 절충되었다.

이윽고 위원 간의 절충된 공식의견은 "예천군이 완성한 「예천 청단놀음 교본」에 기술된 내용을 청단놀음의 정체성을 간직한 전승 형태로 인정"하는 것으로 결정되었다.[72] 그러나 위원회에서는 청단놀음에 대한 추가적인 보완사항으로 ① 관객의 이목을 집중시키고 객석과 무대가 함께 어울려 흥을 돋울 수 있도록 하는 북의 연주, ② 양반놀음 배역들의 적극적 동작(연기) 표현, ③ 중놀음 배역들의 정확한 춤동작과 확실한 몸짓, ④ 남사당놀이나 평택농악과 같은 무동춤 표현, ⑤ 상쇠와 부쇠의 신호음에 대한 수련부족, 악사들의 반주가락 미흡 등의 의견을 제시하며, 더 많은 연습과 노력을 요구했다.

그러나 상기 의견은 문화재위원회가 지니는 문제점도 함께 드러낸 것이었다. 즉, 청단놀음이 고을 세시풍속의 하나로 연초 한 차례 주민들이 모여 연행한 탈춤이라는 점에서 봉산

---

72 경상북도, 「도무형문화재 지정 신청 관련 현지 조사에 따른 보완자료 제출 요청」(2016.05.12.).

탈춤이나 송파산대놀이와 같이 전문 연희단에 의해 연행된 것과 다른 서낭굿 계통의 탈춤이라는 사실을 인지하지 못한 결과였다. 그렇다면 문화재위원회에서는 각 과장의 배역과 악사들의 숙련도보다는 지역 공동체에 의해 연행된 탈춤이라는 사실에 주목해야 했다. 그런데 다수의 조사위원은 청단놀음을 전문 예능 집단의 연행으로 규정하여 세련된 기예를 요구하는 의견을 제시한 것이다. 이에 따라 보존회에서는 청단놀음 연행에 대한 원형에 대한 탐구와 보완보다는 춤사위, 악기 연습 등 기량을 높이는 요구사항을 수용해야만 했다. 이는 문화재 대상에 부합하는 조사위원 선정과 그들의 부당한 요구를 양산한 결과이며, 이에 따라 조사 과정에서 청단놀음의 문화재 지정에 대한 가치판단보다 다른 방향의 의견이 도출된 것이다.

두 번째는 2016년 12월 20일 2차 심사에 참여한 상기 위원들 간에 발생했다. 당시 청단놀음보존회에서는 1차 심사 이후 문화재위원회 의견을 수용하여 춤사위와 악기연습에 많은 노력을 기울였다. 이후 보존회원들은 통명농요에서 활동하는 악사와 한국무용 전문 강사를 초빙하여 연습했다. 또한 1978년 강원희와 성병희의 발표 자료와 2004년도 연구보고서에 정리된 내용에 따라 중탈의 턱을 분리하여 실로 묶은 후 덜걱덜걱하도록 표현하고, 주지판 재제작, 광대북놀음의 소품인 북채에 오색 비단실을 다는 등 탈과 소품 보완을 위해 노력했다. 그리하여 보존회는 1차 심사 때 반대 의견을 표방한 위원들에게 그간 노력의 결과를 인정받아 조사위원들이 문화재 지정에 찬성한다는 합의된 의견을 얻을 수 있었다.

세 번째는 2016년 12월 말 개최된 문화재위원회 심의과정에서 진행된 의견절충 과정이다. 결정적으로 문화재가 지정되는 데에는 조사를 담당했던 조사위원들의 의견도 중요하지만, 심의과정에서 반대하는 의견이 적은 것이 유리하다. 당시 심의회에서 공예전공자인 F위원은 청단놀음의 문화재 지정에 반대하는 의견을 표명했다. 그리고 2010년 학술대회 개최를 요구한 B위원이 지정에 찬성하는 등 문화재위원 간의 상충된 의견이 대립했다. 그러나 조사와 의견서를 작성했던 A위원은 반대 의견에 대한 답변과 청단놀음을 문화재로 지정해야 하는 이유를 피력함으로써 문화재위원회의 합의된 결정을 이끌어낼 수 있었다.

이로써 문화재위원회는 2017년 1월 5일 청단놀음을 도지정 무형문화재로 지정예고 했다. 그러므로 청단놀음의 문화재 지정은 지지와 반대하는 문화재위원 간의 의견 대립과 절충을 통해 이루어진 것이다.

다행히 문화재위원회에서는 청단놀음 연행에 참여한 회원들의 기예보다는 공동체에서 당신화와 결합한 탈놀이라는 측면에 주목하였고, 2017년 보유자 없는 단체종목인 무형문화재로 지정했다. 이는 1981년 청단놀음의 조사연구가 1936년도에 중단된 청단놀음의 형태를 충실하게 담고 있었음을 뜻하며, 2010년에 추진되었던 문화재 지정 신청에서도 비슷한 결정이 가능했음을 의미한 것이다. 한편으로는 오랜 기간 이어진 청단놀음의 원형에 대한 부정적인 학계의 인식으로 문화재 지정이 지연된 사실도 인정된 것이다. 그러나 문화재 지정에 실패하는 동안 보존회원들은 1981년도 연행에 비해 기예가 쇠퇴했다. 더구나 두 차례의 심사에서는 각 배역이 교본에 기록된 소품을 갖추지 못할 정도로 취약한 전승 능력을 나타냈다.

예천 청단놀음은 1976년 강원희 선생의 민속조사를 통해 학계에 알려진 후 42년 만에 문화재로 지정되었다. 당시 청단놀음이 지정된 사유에 대해 경상북도 고시 내용을 살펴보면 아래와 같다.

> 예천청단놀음은 예천지역에 전승되어온, 한국에서 보기 드문 묵극(默劇)으로서, ① 당신화(堂神話)와 공동체 제의, 그리고 놀이가 유기적으로 결합된 대표적 사례이며, ② 하회별신굿 탈놀이와 일정한 연관성을 띤다는 점에서 경북 북부지역의 향토성을 보이며, ③ 연극적 측면과 놀이 구성의 측면에서 벽사진경을 추구하는 주술성과 상류층에 대한 풍자를 통한 신명을 발현하여 공동체의 안녕을 기원하고 있으며, ④ 이러한 내용을 투박한 춤 또는 몸짓과 토속적인 가락에 실어서 전달하고 있으며, ⑤ 전국에서 유일하게 키(箕)로 만든 탈이 쓰인다는 점, ⑥ 신령스런 동물이 부정을 물리치는 듯이 하는 동작과 춤에 커다란 부채 모양의 주지 판이 사용된다는 점 등에서 대단히 주목되고 가치 있는 민중문화 유산이다. 뿐만 아니라 지

금까지 예천군내에 거주하는 119명이 청단놀음을 자발적으로 전승하는 데 참여하였으니, 지역 전통문화 계승의지가 좋다고 평가된다. 따라서 예천청단놀음은 경상북도 무형문화재로 지정대상으로 선정한다. 다만 공동체의식을 강조하는 종목의 특성상 개인보유자를 인정하지 않고, 보존회 중심의 단체종목도 무형문화재로 지정하기로 한다.[73]

예천 청단놀음이 도지정 문화재로 지정된 사유에는 예천 주민들이 자발적으로 발굴하여 전승하였던 계승 의지가 인정된다는 점이 포함되었다. 이는 1981년부터 문화재로 지정된 2017년까지 재정 부족과 연습장 부재라는 어려운 여건 속에서도 회원들의 자발적인 참여와 노력으로 운영되었다는 것이다. 이에, 도 문화재위원회에서는 공동체 의식을 강조하는 종목의 특성상 개인 보유자를 인정하지 않는 단체종목으로만 인정했다. 이로써 문화재위원회에서는 문화재 지정 이후 보존회의 회칙에 따라 자율적인 운영을 요구한 것이다.

나아가 2019년 인류무형문화유산 대표목록 선정 과정에서도 예천 청단놀음이 그 대상목록에 포함되었다. 그 과정을 살펴보면, 문화재청에서는 2019년 9월부터 10월까지 인류무형문화유산 공모를 실시함에 따라 안동시와 세계탈문화예술연맹(IMACO)에서는 국가무형문화재로 지정된 13종목의 탈놀이를 대상으로 한 '한국의 탈춤'을 신청했다.[74] 2019년 12월 문화재청 문화재위원회에서는 신규 접수된 9건과 계류 종목 23건을 대상으로 유네스코 인류무형문화유산 대표목록 차기 등재신청 종목을 결정했다.[75] 당시 문화재위원회에서는 '한국의 탈춤'을 차기 인류무형문화유산 대표목록 신청 대상으로 선정하고, 이미 접수된 국가무형문화재 13종목 이외 도지정 5종목을 포함한 신청서를 작성하라고 권고했다.[76] 이로써 문화재청 문화재위원회의 권고에 따라 예천 청단놀음이 유네스코 인류무형문화유산

---

73 경상북도 고시 제2017-219호(2017.8.14.).
74 「세계탈문화예술연맹, 한국의 탈춤 유네스코 등재 추진 활동 박차」, 『쿠키뉴스』, 2019.12.18.
75 문화재위원회, 「2019년도 문화재위원회 - 세계유산분과위원회 및 무형문화재위원회 회의록」(2019).
76 「'한국의 탈춤', 내년 인류무형문화유산 등재 도전」, 『연합뉴스』, 2019.12.06.

대표목록 등재신청 종목에 선정된 것이다.

　이후 문화재청 주도로 인류무형문화유산 대표목록 신청서가 작성되어 유네스코에 제출되었다. 2022년 11월 30일 개최된 제17차 유네스코 무형유산 보호 협약 정부 간 위원회에서는 '한국의 탈춤Talchum(Mask Dance Drama in the Republic of Korea)'의 인류무형문화유산 대표목록 등재를 결정했다.[77] 그러므로 2017년 경상북도 무형문화재로 지정된 예천 청단놀음은 문화재청 문화재위원회의 결정에 의해 2022년 인류무형문화유산으로 등재됨으로써 '무형문화유산의 보호를 위한 협약'이라는 국가 간의 조약에 따라 보호받는 종목의 대상이 된 것이다.[78] 다시 말해 청단놀음은 1976년 강원희 선생이 발굴한 이래 42년 만에 도지정 무형문화재 종목이 되었고, 47년 만에 인류무형문화유산 등재 종목이 된 것이다.

　그러나 청단놀음보존회의 취약했던 전승 기반은 문화재 지정 이후의 국면에서 표출되었다. 청단놀음보존회에서는 문화재 신청 과정에서 보유자, 전승교육사를 신청하였으나, 보존단체만이 인정되는 결과를 얻었다. 이에 따라 청단놀음보존회는 행정당국으로부터 연간 단체 보상금 12,000,000원과 공개행사비 5,000,000원 등 총 17,000,000원을 지원받게 되었다.[79] 그러나 같은 지역의 도지정 무형문화재인 공처농요는 연간 단체 보상금 9,600,000원, 공개행사비 5,000,000원을 비롯하여 보유자 1인 10,800,000원, 조교 5인 21,000,000원, 장학생 5명, 6,000,000원, 전수관 운영비 5,000,000원으로 청단놀음보다 41,400,000원이나 많은 예산을 지원받고 있다. 한 지역 같은 등급의 무형문화재 단체와의 차이는 전수관 없이 학생실내체육관에서 연습을 진행하는 등 어려운 전승 환경에 놓여 있었던 보존회원에게 문화재 지정 이후 그간의 노력에 대한 보상이나 적극적인 활동에 대한 동기부여가 될 수

77　문화재청, 「한국의 탈춤」, 유네스코 인류무형문화유산 등재(2022.11.30.), 보도자료 참조.
78　무형문화유산의 보호를 위한 협약(다자조약, 제1775호, 2006.04.14, 2006.04.20. 발효)의 목적은 무형문화유산의 보호, 관련 공동체 · 집단 및 개인의 무형문화유산에 대한 존중의 보장, 지방 · 국가 및 국제적 수준으로 무형문화유산의 중요성 및 이러한 유산에 대한 상호 존중을 보장하는 것의 중요성에 대한 인식 제고, 국제적 협력 및 원조 제공이다.
79　2018년 기준, 경상북도와 예천군 지원 금액을 표시한 것임.

없었다.

한편, 문화재위원회의 보유자, 전승교육사, 교육생 등을 인정하지 않는 단체종목 지정은 운영이 취약한 단체의 전승 환경을 더욱 약화하는 요인으로 작용했다. 청단놀음이 재현된 후 지정되기까지 약 37년이라는 시간이 흘렀고, 그동안 보존회는 활동 중단과 재개를 반복하고 수많은 회원이 작고하거나 활동을 중단하는 등의 어려움을 겪었다. 특히, 문화재 지정 이후 청단놀음보존회에서는 회원 간의 갈등으로 많은 수의 회원이 탈퇴하는 일이 발생했다. 청단놀음보존회에서는 교본에 기록된 형태로 학습해야 한다는 선배의 의견이 무시되었고, 그간 지정과정을 자세히 알지 못하는 회장이 선출되어 신구 회원 간의 갈등이 증폭되는 양상도 발생했다. 이처럼 문화재 지정 이후 보존회 자율에 맡겨진 상황에서는 미흡하게 마련된 회칙과 운영, 문화재에 대한 낮은 이해도, 미미한 지원혜택 등의 문제가 대두되었다.

회원 간의 갈등은 전승에서도 걸림돌로 작용하였다. 특히, 문화재 지정 이후 신입회원이 증가했지만, 많은 수의 기존 회원이 활동을 그만두었다. 2016년 12월 28일 기준으로 작성된 청단놀음보존회의 명단 중 회원으로 활동한 사람은 119명이었으나 대부분 작고하거나 활동하지 않아 문화재 신청 당시의 회원은 27명이었다.[80] 더구나 1981년 청단놀음 재현에 참여했던 사람 중 2023년 3월 현재 생존자는 안용충, 윤석현뿐이다. 문화재 지정 이후 주목되는 점은 2014년 문화재 신청 당시 회원이 27명이었으나, 2023년 3월 현재 기존 회원 가운데 18명이 탈퇴했고, 재가입하거나 신규 가입한 회원이 24명이나 된다는 것이다.[81] 즉, 예천 청단놀음보존회의 운영은 무형문화재 지정에 이르는 동안 상당히 쇠퇴하였고, 문화재 지정 이후 다수의 회원이 탈퇴하는 등 전승 활동에 어려움을 겪고 있다는 것이다.

---

80 청단놀음보존회, 「예천 청단놀음 교본(미간행)」(2016).
81 예천군, 「도무형문화재 지정 신청 관련 현지 조사에 따른 보완자료 제출 및 심의의뢰」(2016. 10. 12.); 청단놀음보존회, 「청단놀음보존회 회원현황」(2023).

이러한 보존회의 상황은 청단놀음 공연에서도 나타난다. 2016년 문화재 지정에 따른 1차 현지 조사 영상과 2021년 국립민속박물관에서 촬영한 예천 청단놀음 영상을 비교하면서로 다른 점들이 발견되기 때문이다.[82] 먼저 2016년 영상에서는 북광대의 북채 아래쪽에 오색 비단실이 달린 것으로 나타나지만, 2021년 영상에서는 북광대의 북채에 오색 비단실이 보이지 않는다. 둘째, 2016년 영상에서는 쪽박광대가 입이 삐뚤어진 박색 여인의 탈을 쓰고 있지만, 2021년 영상에서는 아리따운 각시의 탈을 쓴 것으로 확인된다. 셋째, 2016년과 2021년 영상 모두 얼레방아의 '이놈 중아'라는 극 중 유일한 대사가 이루어지지 않고 있다. 이러한 문제는 청단놀음보존회의 전승 활동이 체계적으로 이루어지지 않고 있다는 것을 의미한다.

나아가「예천 청단놀음 교본」에 기록되었으나 연행하지 않았던 사이 마당, 3무동, 전통악기 등의 재현에 대한 노력은 보존회의 현 상황에서 시도조차 어려운 상황이다. 청단놀음보존회는 과거 청단놀음 연행이 녹화된 영상자료에서 고형에 가까운 형태의 몸동작을 찾아 연습하고 기량을 높일 수 있도록 노력해야 한다. 하지만 현재 보존회의 운영은 문화재 지정 이후 기존 회원들의 탈퇴, 신규 회원 가입 등이 이루어져 자발적인 노력을 기대하기 어려운 상황이다. 즉, 단체종목으로 지정된 청단놀음보존회의 상황은 자구적인 노력으로 개선을 기대하기에 어렵다는 한계를 지니고 있다. 따라서 문화재위원회는 단체종목으로 인정하기보다는 개인의 기량과 노력의 인정을 통해 전승이 이루어지도록 보유자, 전승교육사, 장학생을 인정하여 체계적인 기량 향상을 요구해야만 했다.

청단놀음에 대한 사례만 보더라도 문화재 행정에서는 다양한 문제점이 발견된다. 첫째, 1978년 전국민속예술경연대회에서 문화공보부 장관상을 받은 하회별신굿탈놀이는 문화재관리국의 조사를 통해 문화재로 지정되었지만, 3년 후에 수상한 예천 청단놀음은 그 대상에서 제외되었다. 당시 문화재관리국의 상황에 대해 자세히 알 수 없으나, 일관된 정책이

---

82 국립민속박물관, 「예천 청단놀음 영상」(2021); 예천박물관 소장, 「문화재 지정 심사 영상」(2016).

추진되었더라면 청단놀음도 일찍이 문화재로 지정되어 국가지정 탈놀이와 같은 전승 환경을 마련할 수 있었을 것이다. 따라서 문화재 행정에서는 일관된 정책을 추진하여 특정 무형문화재의 전승과 단절이 약화하는 것을 방지하여야 할 것이다.

둘째, 행정당국에서는 최종심급最終審級을 주관하는 문화재위원회 소속 위원들에 대한 교육과 충분한 조사연구비 지원 등을 통해 제대로 된 평가와 판단이 이루어질 수 있도록 노력해야 한다. 1981년과 2010년의 문화재위원회에서는 면밀한 조사와 검토가 이루어지지 않았다. 또한 청단놀음의 2010년도 사례와 같이 문화재위원회에서는 특별한 조사 없이 보완 결정을 통보했다. 이는 상기 문제와 더불어 일반적인 지정 절차를 이행하지 않은 문화재위원회의 권위를 내세운 부당한 결정이었고, 신중한 판단 또한 보류된 것이었다. 이는 행정당국과 문화재위원회의 지원과 결정이 신중하게 이루어지지 않은 것임을 의미한다. 이로써 청단놀음의 문화재 지정이 오랜 기간 지연되는 결과를 초래했다.

셋째, 문화재위원회는 다양한 분야의 전문가로 구성되어 있지만, 그 결정은 특정 분야의 1~2명의 전문가나 조사위원의 의견에 따라 이루어진다. 즉, 문화재 위원과 전문위원은 특정 분야의 전문가지만, 다양한 심의 대상에서 전문가일 수는 없다. 따라서 문화재위원회의 조사위원 선정에서는 그 분야의 전문가가 반드시 참여할 수 있는 규정을 마련해야 할 것이다. 청단놀음 사례에서는 수많은 탈춤전문가 가운데 1명 이상을 선정하여 문화재위원들에게 탈춤의 이해를 돕고, 그들의 합리적 의견이 제시되도록 노력했어야 했다. 그러나 이러한 문제는 국가보다는 시도 문화재위원회에서 자주 발생하며, 현 문화재위원회의 문제점을 보완하기 위해서 문화재위원회 담당 공무원에 대한 전문성 강화 및 문화재위원회의 새로운 운영 지침 마련 등을 통해 개선되어야 할 것이다.

넷째, 예능 종목에 대한 보유자 없는 단체종목 인정을 보류해야 한다. 경상북도 문화재위원회에서는 2016년부터 보유자 없는 단체종목을 지정하고 있으며, 이에 대해 전승교육사와 교육생마저도 선정하지 않고 있다. 그러나 탈놀이는 개인마다 기량의 차이를 보이는 종목이며, 전승 교육을 통해 학습되는 것이다. 청단놀음은 보유자와 전승교육사 없는 단체종목으로 지정된 것이며, 보존회 내의 위계질서 약화, 보유자와 전승교육사 없이 신규 회원을 교육하는 등의 문제가 발생한 종목이다. 따라서 탈춤과 같이 예능을 요구하는 단체종목에 대해서는 기존의 무형문화재 운영방식대로 보유자, 전승교육사, 장학생 제도를 유지하여 더욱 많은 보조금이 지원되어 운영 환경이 개선되도록 행정당국의 적극적인 노력이 필요하다.

5. 맺음말

이 연구는 2017년 경상북도 무형문화재로 지정된 예천 청단놀음의 기원과 유래를 찾고 1981년 재현 이후 현재까지의 변화 과정을 살펴본 것이다. 예천 청단놀음의 재현 이후 전승양상을 시기별로 구분해 본다면, ① 조사연구를 통한 1981년 청단놀음의 재현, ② 1987년 전국민속예술경연대회 출연단의 공연, ③ 2002년 한국민속예술축제 출연단의 공연, ④ 2004년 학술 연구 용역 완료와 의상 복원 후 문화재 지정 신청, ⑤ 2013년 학술세미나와 문화재 지정 신청, ⑥ 청단놀음의 지정 이후의 6단계 과정으로 나눌 수 있었다.

청단놀음은 예천의 읍치에서 정월 세시풍속으로 전승되던 탈놀이였다. 그러나 이 놀이는 한일 강제 병합 이후 중단된 것이었고, 1936년 예천경찰서 낙성식을 기념하기 위해 한 차례 재현된 것이다. 즉, 청단놀음은 해방 이후인 1978년 강원희에 의해 조사되어 학계에 발표된 탈춤이었고, 1936년 공연에 참여했거나 구경했던 노인들의 추가적인 제보를 통해 1981년 전국민속예술경연대회에서 또다시 재현된 것이다.

1981년 청단놀음의 재현은 1936년 마지막 공연에 직·간접적으로 참여한 여러 노인의 풍부한 제보를 통해 이루어졌다. 학계에서는 청단놀음이 한국에 독특한 유형의 탈놀이로 주목하였으나, 1981년 재현에서 조사되지 않았던 2마당이 추가되고, 탈에 대한 원형 문제 등의 이유로 역사성이 부재하거나 변형된 탈놀이로 간주하였다. 이후 청단놀음보존회에서는 1936년에 연행된 내용을 추가로 조사·연구하여 1981년 재현한 탈놀이를 보완하였고, 때로는 학자들의 의견을 반영하여 수정하였다. 이는 최종심급最終審級을 주관하는 문화재위원회의 기준과 요구사항을 꾸준히 반영하려는 노력이었다. 또한 이 과정에서는 문화재 지정에 대한 찬성 의견과 반대 의견이 절충되었다. 그 결과 청단놀음보존회는 2017년에 이르러 문화재 지정에 성공할 수 있었다.

청단놀음이 문화재 지정에 실패했던 가장 큰 이유는 원형을 잃은 탈놀이라는 학계의 의견 때문이었다. 그리하여 2003년부터 예천군에서는 청단놀음의 문화재 지정을 위한 학술연구 용역, 고증을 통한 의상 제작, 학술세미나 등을 지원했다. 특히, 2010년 청단놀음보존회는 2004년 연구성과를 토대로 문화재 지정을 신청했다. 하지만, 문화재위원회에서는 현지조사도 진행하지 않은 채 원형 문제를 이유로 문화재 지정을 보류했고, 비공식 의견으로 학술세미나를 개최하여『예천 청단놀음(2004)』에 대한 전문가들의 의견을 수렴하자고 제안했다. 당시 문화재위원회는 기존 절차에 제시되지 않은 추가사항을 요구한 것이었고, 문화재 지정이 절실했던 보존회와 예천군은 그들의 의견을 따를 수밖에 없었던 상황에서 이를 수용한 것이었다.

그러나 문화재위원회의 요구로 2013년 개최된 학술세미나는 처음으로 청단놀음을 주제로 전문가들이 모여 논의를 진행한 유의미한 행사였지만, 기존의 연구성과를 반박할만한 새로운 내용이 도출되지 않은 형식적인 행사에 불과했다. 학술세미나에서 관련 전문가들이 제시한 원형에 대한 이견 대부분은 이미 2004년 예천군에서 실시한 학술 연구 용역에서 다룬 것이었고, 일부 의견은 문화재 지정 여부에 영향이 미미한 것이었다. 결과적으로 학술세미나는 2010년도의 문화재 지정 신청을 지연하는 결과만 초래한 것으로, 문화재 분야 최종심급最終審級을 다루는 문화재위원회의 권위를 내세운 잘못된 행태에서 비롯된 것이었다.

2014년 문화재 신청에 대해 문화재위원회에서는 청단놀음 배역들의 수준 높은 기예보다는 공동체에서 당신화와 결합된 탈놀이라는 측면에 주목하였고, 2017년 보유자 없는 단체종목인 무형문화재로 지정했다. 이는 1981년 청단놀음의 조사·연구가 1936년도에 중단된 청단놀음의 형태를 충실하게 담고 있었음을 의미하며, 한편으로는 청단놀음의 원형에 대한 학계의 부정적인 인식으로 문화재 지정이 지연된 사실도 인정된 것이다.

한편, 문화재위원회의 보유자, 전승교육사, 교육생 등을 인정하지 않는 단체종목 지정은 전승이 취약한 단체의 전승환경을 더욱 약화하는 요인으로 작용했다. 청단놀음이 재현된 후 지정되기까지 약 37년이라는 시간이 흘렀고, 그동안 보존회는 활동 중단과 재개를 반복하고 수많은 회원이 작고하거나 활동을 중단하는 등의 어려움을 겪었다. 특히, 문화재 지정 이후 청단놀음보존회에서는 회원 간의 갈등으로 많은 수의 회원이 탈퇴하는 일이 발생했다. 따라서 청단놀음과 같이 전승기반이 약한 단체종목의 도지정 무형문화재만이라도 행정당국에서는 보유자, 전승교육사, 장학생을 인정하여 보존회원들이 일정한 보상금을 지원받을 수 있도록 지원하고, 보존회 내에서 위계와 질서를 갖추어 전승되도록 안전장치를 마련하는 제도 개선이 필요하다.

연구 과정에서는 1938년 『동아일보』에서 청단놀음이 소개된 기사와 1981년 강원희 자필 일기를 새롭게 발견하여 지금까지의 논의와 비교하였다. 연구 결과, 청단놀음은 예천의 정월 세시풍속으로 전승되던 탈놀이였다는 기존 논의를 구체화할 수 있었다. 또한 연구자는 청단놀음의 기원, 유래, 설화를 새롭게 소개하였으며, 예천경찰서 낙성식이 지금까지 알려진 것과 다른 1936년 11월 15일 거행된 사실을 밝힐 수 있었다. 그리고 청단놀음 지정 과정에서 드러난 문화재위원회 운영의 개선점으로 행정당국에서는 문화재위원회 위원들을 대상으로 문화재 지정제도에 관한 기초교육을 실시하여 이에 대한 판단과 의사결정이 신중하게 이루어지도록 노력하고, 심사 종목에 대한 해당 분야의 전문가가 반드시 참여하도록 운영지침을 개정하여야 할 것이다. 이러한 제도 개선의 이유는 문화재위원회의 성급한 결정으로 특정 종목 무형문화재의 전승이 단절되지 않도록 하는 것이며, 곧 무형문화재의 전승을 지원하는 방안이기 때문이다.

다만 연구 과정에서 청단놀음의 마당 순서, 명칭, 탈, 소품, 대사 등을 중점적으로 다루었기에 총체적인 양상을 파악하는 데에는 한계를 가지고 있다. 따라서 향후 연구에서는 청단놀음보존회의 운영구조, 전승 활동, 회원 간의 갈등 등에 대해 보완할 계획이다. 나아가 국가와 자치단체에서는 무형문화재가 온전하게 전승되도록 관심과 지원을 위해 노력해야 할 것이며, 전승단체에서는 학습과 교육을 통해 인류무형문화유산에 걸맞은 수준의 연행을 지속해야 할 것이다. 마지막으로 본 연구가 예천 청단놀음이 지역의 대표적인 탈놀이로 전승되는 데 조금이나마 보탬이 되기를 기대한다.

참고문헌

1. 보고서 및 자료

『東國歲時記』.
국립민속박물관, 『예천 청단놀음 영상』, 2021.
경상북도 고시 제2017-219호(2017.8.14.).
경상북도, 「제28회 전국민속예술경연대회 팸플렛」, 1987.
경상북도, 「제43회 한국민속예술축제 팸플렛」, 2002.
경상북도, 「청단놀음 문화재 지정신청에 대한 회신」, 2010.04.27.
경상북도, 「도무형문화재 지정 신청관련 현지조사에 따른 보완자료 제출 요청」, 2016.05.12.
문화재관리국 문화재연구소, 「굿놀이」, 『무형문화재조사보고서』(15), 1991.
문화재위원회, 「2019년도 문화재위원회 - 세계유산분과위원회 및 무형문화재위원회 회의록」, 2019.
문화재청, 「한국의 탈춤」, 유네스코 인류무형문화유산 등재」, 2022.11.30.
예천군, 「청단놀음」, 제22회 전국민속예술경연대회 팸플렛, 1981.
예천군, 「청단놀음 모임 보고서」, 2001.01.18.
예천군, 「2004 예천 청단놀음 공개행사 공연 보조금 교부결정 및 교부」, 2004.10.11.
예천군, 「예천 청단놀음 원형복원사업 사업비 보조금 교부결정 및 교부」, 2004.12.28.
예천군, 「예천청단놀음 재조명을 위한 학술세미나」, 2013.
예천군, 「삼강주막 주말 상설공연 영상」, 2015.
예천군, 「도무형문화재 지정 신청관련 현지조사에 따른 보완자료 제출 및 심의의뢰」, 2016.10.12.
예천박물관 소장, 「전국민속예술경연대회 연습공연」, 1981.
예천박물관 소장, 「안동국제탈춤페스티벌 초청공연」, 2001.

예천박물관 소장, 「한국민속촌 초청공연」, 2003.
예천박물관 소장, 「문화재 지정 심사 영상」, 2016.
청단놀음보존회, 「예천 청단놀음 교본(미간행)」, 2016.
청단놀음보존회, 「예천 삼강막걸리축제 청단놀음」, 2018.
청단놀음보존회, 「제5회 청단놀음 정기발표회 공연 영상」, 2022.
청단놀음보존회, 「청단놀음보존회 현황」, 2023.
통명농요보존회, 「제20회 예천통명농요 정기발표공연 팜플렛」, 2010.
KBS1, 「6시 내고향 방송본」, 2004.

2. 신문기사 및 잡지
『동아일보』.
『경성일보』.
정병호, 「가려져 있는 향토예능의 맥⑥ 예천 청단놀음」, 『문예진흥』, 1984.
『조선일보』.
『연합뉴스』.
『예천신문』.
『쿠키뉴스』.

3. 단행본
강원희, 『醴泉通明農謠』, 예천 통명농요 보존회, 1992.
박진태, 『하회별신굿탈놀이』, 피아, 2006.
한양명, 『예천청단놀음』, 예천군, 2004.

4. 논문
강원희, 「문화재해설」, 예천군교육청, 1985.
강원희, 「醴泉청단」, 『향토문화』 4, 향토문화연구회, 1988.
강원희, 「예천 청단놀음」, 『향토문화』 14, 향토문화연구회, 1999.
강원희, 「醴泉靑丹놀음」, 『공연문화연구』 8, 한국공연문화학회, 2004.
성병희, 「예천청단놀음」, 『우리 고장의 민속』, 경상북도, 1978.
제공숙, 「예천 청단놀이에 나타난 춤의 연구」, 중앙대학교 교육대학원 석사학위논문, 1984.
조동수, 「예천 청단놀음 연구」, 안동대학교 교육대학원 석사학위논문, 2003.

예천청단놀음의 성격과 의의

한양명
안동대학교 문화유산학과 교수

예천청단놀음의 성격과 의의

1. 기원과 역사

청단놀음은 경상북도 예천의 읍치邑治에서 전승해온 묵언默言의 탈놀이다. 청단놀음의 기원을 다룬 이야기 가운데 대표적인 것을 소개하면 다음과 같다.[1]

옛날 전라도 어느 고을에 사는 한 늙은 부호의 젊고 예쁜 아내가 가출했다. 부호가 몸져눕자 보다 못한 아들은 서모庶母인 여인을 찾기 위해 광대패를 꾸리고 전국을 떠돌면서 놀음판을 열었다. 그러다가 예천고을에 이르러 공연하던 중 구경꾼들 틈에서 마침내 여인을 찾았다. 아들은 여인에게 돌아가길 권했으나 거부하자 '시경지'라는 곳에서 살해한 뒤, 놀이 도구들을 버리고 떠나버렸다. 그 뒤, 예천고을에 원인 모를 화재가 빈발하여 고을 원을 비롯한 온 읍민들이 애를 태웠다. 어느 날 원님의 꿈에 여인이 나타나 자신이 죽은 사연을 설명하면서 "나를 제사 지내고 그때 벌인 놀음을 벌이면 재난이 사라질 것"이라고 했다. 잠에서 깬 원님이 아전들을 불러 사실을 조사한 뒤, 꿈에 본 여자를 위해 제사를 지내고 놀음판을 벌이게 하니 화재가 멈추고 평온이 회복되었다.

---

1 강원희, 「예천청단놀음」, 『향토문화』 14집, 향토문화연구회, 1999, 85~86쪽.

이 이야기는 억울하게 죽임을 당한 여인이 신으로 좌정한 내력을 담고 있다는 점에서 당신화堂神話라고 할 수 있다. 이에 따르면, 청단놀음은 전라도에 살았던 한 늙은이의 젊은 아내가 가출한 데서 비롯되었다. 아내가 가출하자 노인은 몸져눕고 이를 보다 못한 아들이 놀이패를 꾸려 전국 각처를 떠돌면서 서모를 찾았다. 마침내 예천에서 여인을 찾았지만 귀가를 거부해 여인을 죽이고 떠나버렸다. 그 뒤 여인의 원한 때문에 재앙이 발생하자, 사정을 알게 된 고을 수령이 여인에 대한 제사를 설행하고 그때의 놀음을 재현하게 했더니 재앙이 사라졌다. 이때부터 고을의 안녕을 위해 해마다 여인에 대한 제사를 지내고 청단놀음을 벌여왔다고 한다.

놀이의 이름에 대해서는 다른 이야기에[2] 등장하는 '이청단李靑丹'이라는 인물에게서 비롯되었다는 설, 다양한 색채의 도구를 사용하는 탈놀이에서 비롯되었다는 설 등이 있다.[3] 이와 관련해 『동국세시기』 제석除夕 조의 내용도 참고할 만하다.

> 함경도 풍속에 빙등氷燈을 설치하는데, 둥근 기둥 안에 기름 심지를 박은 것과 같다. 그것을 켜놓고 밤을 새워 징과 북을 치고 나팔을 불면서 나희儺戲를 행한다. 이를 청단靑壇이라고 한다.

연행의 시기가 연초와 연말로 다르고 한자 표기도 '靑丹'과 '靑壇'으로 다르지만 세말연초에 고을의 재액을 물리치기 위해 벌인 일종의 지방나地方儺라는 점에서 두 민속은 상통하는 면이 있다.

---

2 이야기의 내용은 다음과 같다. 전라도 출신의 이청단(李靑丹)이라는 사람이 병란 통에 잃어버린 어머니를 찾기 위해 탈놀이를 만들어 온 데를 돌아다니며 공연하다가 마침내 예천에서 어머니를 찾아 돌아갔다. 그 뒤 고을에 불상사가 발생하자 탈놀이를 하지 않은 데서 비롯된 것으로 보고, 기억을 되살려 놀이를 재현해 전승하게 되었다고 한다(「藝術的 薰香 가득한 醴泉의 "靑丹노리"」, 『동아일보』, 1938.01.05.).
3 동아일보, 앞의 기사 참조.

청단놀음은 매년 대보름에 터서리당에서 당제를 지낸 뒤에 벌어졌다. 터서리당에는 검덕부인이라는 여신을 모셨고 청단놀음에 필요한 각종 물품을 이곳에 보관했다. 당제는 독축고사형으로 진행했으며 당제를 마친 뒤에 지신밟기와 함께 청단놀음을 연행했다.[4]

청단놀음과 터서리당제, 그리고 지신밟기는 예천 읍치의 새해맞이축제를 구성하는 연행이었다. 읍치의 새해맞이축제는 이들 말고도 줄다리기라는 대동놀이를 포함했다. 줄다리기는 읍치를 가로지르는 큰길을 중심으로 '질위路上(동부)'와 '질알路下(서부)'로 나누어 진행했고 동부는 암줄, 서부는 수줄을 만들었다. 정초에 아이들의 소규모 줄다리기로 시작해 점차 줄의 규모가 커졌으며, 나중에는 읍외邑外의 사람들까지 참여하는 큰줄다리기가 되었다. 줄의 재료는 주로 짚이었지만 강도를 더하기 위해 칡을 넣기도 했다. 줄다리기는 제작에서부터 실행에 이르기까지 각 편을 영도하는 '줄대장'의 지휘하에 이루어졌으며 남녀노소가 함께 참여했다.

이렇게 보면 예천 읍치의 새해맞이축제는, 공동체신에 대한 제사와 청단놀음 그리고 지신밟기와 줄다리기 등으로 구성되었음을 알 수 있다. 전통사회에서 고을축제는, 일반적으로 무당의 굿과 잡희雜戲를 중심으로 하는 무당굿형과 대동놀이를 중심으로 하는 대동놀이형으로 나눌 수 있는데, 둘 다 관속의 직·간접적 참여하에 이루어졌다.[5] 청단놀음이 포함된 예천의 새해맞이축제는 대동놀이형에 속하는 것으로서, 관속 또는 그 집안의 사람이 주도했을 가능성이 높다. 1936년의 예천경찰서 낙성식 기념공연을[6] 주도한 것이 읍치에 거주하는 장씨와 황씨 등이었다는 사실은 이를 말해주는 것 가운데 하나이다.[7]

"예천읍은 황장黃張판"이라는 향언이 말해주듯이, 읍권邑權을 장악한 집단은 평해황씨

---

4 한양명, 『예천청단놀음 - 사랑과 벽사, 야성의 탈놀이』, 민속원, 2004, 136~142쪽 참조.
5 한양명, 「조선시대 고을축제의 성격과 전승집단」, 『조선 후기 민속문화의 주체』, 집문당, 2004, 65~85쪽 참조.
6 예천경찰서 낙성식은 1934년 또는 1935년에 행해진 것으로 알려졌지만, 실제로는 1936년 10월에 열린 것임이 밝혀졌다(「醴泉署落成式」, 『경성일보』, 1936.11.19.) 및 이재완, 「예천청단놀음의 재현과 문화재 지정 과정 - 마당 순서와 명칭, 탈, 소품, 대사를 중심으로 - 」, 『비교민속학』 77, 비교민속학회, 2023 참조).
7 한양명, 앞의 책, 26~36쪽 참조.

와 창원황씨, 단양장씨 등이었다. 동학이 봉기한 1894년 당시 호장戶長은 단양장씨인 장재정張載政이었고[8] 농민군에 대항하기 위해 만든 보수집강소의 활동에도 두 황씨와 장씨가 앞장섰다.[9] 호장의 주요 업무 가운데 하나가 탈놀이와 제의 등 읍치의 축제를 관장하는 것이라는 점을 감안하면[10] 전근대로부터 장씨와 두 황씨가 청단놀음을 비롯한 축제전통에 관여했을 가능성은 더욱 높아진다. 따라서 1936년의 공연에 이들이 주도적으로 참여한 것도 선대의 관행과 전통 위에서 이루어진 것이라고 봐야 할 것이다.[11]

다음의 기사는 조선 후기로부터 근대에 이르기까지 청단놀음의 전승과정을 얼마간 보여 준다.

> 一설에는 큰부호가 애첩愛妾을 일코 이모양으로해서 찾엇다하나(모두가 사적기록은 볼 수 없음) 이에 모든기구는 내버렷든것인데 그당시 미신으로 이것이 사邪가되어 군내에 불상사가 생긴다하야 이것을 예방하는 의미에서 매년정초부터 보름동안의 정월노리로 삼든것인데 四十三년전 병신란丙申亂 때에 청단기구를 모두 일허버리고 그후 八九년만에 예전 것을 상상하고 맨들어 한후에는 그후 일한합병이래 작년까지 三十여년동안 청단이란 이름은 거의 일반의 기억에 사라지게 되엇다가 작년 十一월 예천경찰서락성식 기회에 옛날이 회상된다하야 시민측에서 이를 부활시킨 것이다.[12]

---

8 『醴泉郡斥邪錄』, 座目.
9 보수집강소의 구성을 살펴보면, 단양장씨인 장문건(張文健)과 창원황씨인 황송해(黃松海)가 집강을 맡고, 평해황씨인 황돈일(黃敦一)이 토포를 책임진 총독을 맡았다(신영우, 「1894년 영남 예천의 농민군과 보수집강소」, 『동박학지』 44, 연세대국학연구원, 1984, 220~223쪽 참조).
10 이 점에 대해서는 이훈상, 「향리집단과 의례화된 반란으로서의 탈춤 연행」, 『조선후기의 향리』, 일조각, 1998을 참조하기 바람.
11 한양명, 앞의 책, 195쪽, 각주 8 참조.
12 동아일보, 앞의 기사. 내용을 보면 청단놀음이 1937년에 재현된 듯하지만 사실과 다르다(각주 6 참조.).

기사에 따르면, 청단놀음은 병신년(1896)에 발생한 사건으로 놀이기구를 모두 잃어버림으로써 전승이 중단되었다가 1904~1905년경에 일시 재현되었다. 그 뒤 30여 년 동안 연행되지 않다가 1936년에 예천경찰서 낙성을 기념하기 위해 다시 재현되었지만 이후 전승이 이루어지지 못했다.

1970년대 중반에 이르러 지역의 무형문화유산에 대한 관심이 높아지면서 청단놀음의 재현을 위한 노력이 진행되었다. 이 과정에서 1936년의 공연을 경험한 이들로부터 청단놀음의 형식과 내용, 탈과 복식 등에 관해 제보를 받고 놀이를 재구성함으로써 새로운 전승의 기반을 마련했다. 이런 작업을 바탕으로 재현된 청단놀음은 1981년과 1987년, 그리고 2002년에 열린 한국민속예술축제에 경상북도 대표로 참가했다. 그 뒤 2017년에 경상북도 무형문화재로 지정되어 예천청단놀음보존회를 중심으로 전승 활동을 벌이고 있다.

2. 탈의 형상과 놀이의 내용

청단놀음에는 북광대 2명, 양반과 사대부 각 1명, 여자 배역인 쪽박광대 1명, 벽사辟邪의 영수靈獸인 주지광대 2명, 사방四方과 사계四季를 상징하는 지연광대 4명, 파계승인 중광대 1명, 중과 갈등을 벌이는 인물인 얼레방아 1명, 다수의 무동 및 무동꾼과 악사가 등장한다. 연행자 가운데 배역을 맡은 광대는 모두 가면을 사용하거나 분장을 한다.

청단놀음의 탈은 박으로 만든 바가지와 곡식을 까부르는 데 사용하는 키 등을 재료로 하여 만든다. 탈로는 북광대2, 쪽박광대1, 주지2, 지연광대4, 중1, 얼레방아1 등이 있다. 이 가운데 박으로 만든 탈이 7개이고, 키로 만든 탈이 4개이다. 여기에다 주지놀음에서 광대들이 들고 나오는 주지판 2개까지 포함하면 청단놀음의 탈은 모두 13개이다. 양반놀음에 등장하는 양반과 사대부는 탈을 쓰지 않고 분장을 해 배역을 형상화하는데, 양반과 사대부는 각각 백립과 정자관을 쓰고 흰 수염을 부착한다.

청단놀음의 탈은 재료의 특성상 보존이 어렵기 때문에 가끔씩 교체했을 가능성이 크다.

또한 바가지로 만든 탈의 경우, 형상이 일정하지 않으므로 제작할 때마다 탈의 모습이 달라졌을 가능성이 높다. 따라서 제작자는 자신이 기억하는 배역과 탈의 전형성을 바탕으로 탈을 만들었을 것으로 보인다.

1) 탈의 형상

(1) 북광대탈

둘 가운데 하나는 동그랗고 곱상한 얼굴을 하고 있다. 반듯한 이마에 선이 고운 눈썹, 곧게 내려선 코에 웃음기가 밴 가는 눈을 갖고 있다. 또 하나는 남성스런 얼굴에 아래로 처진 큰 눈과 두툼하고 불만스런 입매를 갖고 있으며, 얼굴 여러 곳에 자잘한 흉터가 있다.

〈사진 1〉 북광대탈(예천박물관 제공)

(2) 얼레방아탈

눈은 한쪽을 감은 듯하고 턱은 아래로 갈수록 좁아지며, 비교적 밝은 얼굴을 하고 있다. 전체적으로 경망스럽고 장난기 어린 젊은 남성의 모습을 보여준다.

〈사진 2〉 얼레방아탈
(예천박물관 제공)

(3) 주지탈

주지는 탈뿐만 아니라 주지판, 그리고 포대형 의상을 통해 형상화된다. 암주지는 이지러진 얼굴에 좁아지는 턱선을 갖고 있으며, 입술을 붉게 칠해 암컷임을 드러냈다. 수주지는 사나운 눈매를 하고 있

〈사진 3〉 주지탈(예천박물관 제공)

으며 얼굴 곳곳에 흉터가 있다. 턱에 수염을 그려 수컷임을 드러냈다.

(4) 주지판

주지가 들고 있는 방구부채 형상의 판이다. 앞뒷면에 꿩털을 붙이는데, 맨 아래쪽에 장끼의 털을 길게 늘어뜨린 뒤 솜뭉치를 달았으며 손잡이를 부착했다.

〈사진 4〉 주지판(예천박물관 제공)

(5) 중탈

둥글지만 윤곽선이 울퉁불퉁하고 어두운 얼굴이다. 전체적으로 볼 때 나이가 제법 들고 탐욕스러운 모습을 하고 있다.

〈사진 5〉 중탈
(예천박물관 제공)

(6) 쪽박광대탈

이마가 반듯하고 미간이 넓으며 눈썹은 가늘다. 살집 좋은 양 볼에 붉은 연지가 찍혔으며, 입은 왼쪽으로 삐뚤어져 있다. 입 아래로는 뾰족한 턱이 이어진다. 쪽박광대는 쪽박과 몽땅 빗자루를 들고 등장하는데, 비교적 젊은 여성의 모습을 하고 있다.

〈사진 6〉 쪽박광대탈
(예천박물관 제공)

(7) 지연광대탈

네 개의 탈이 있는데 각기 사방과 사계를 의미하는 것으로 인식된다. 탈은 키로 만들며 짚으로 만든 긴 수염을 부착한다. 봄탈은 온화한 모습이고 여름탈은 위엄 있는 모습이며, 가을탈은 강퍅한 모습이고 겨울탈은 눈을 감고 사색에 잠긴 모습이다.

〈사진 7〉 지연광대탈(예천박물관 제공)

광대와 악사의 복장은 쾌자를 많이 사용하는 것이 특징적이다. 광대는 양반, 사대부, 중, 쪽박광대처럼 지체와 성性 등을 표상하는 경우를 제외하면, 평상복 위에 검은색 계통의 쾌자를 걸치고 악사도 마찬가지이다. 이 밖에 무동꾼은 평상복 차림이며 여아 무동은 치마저고리, 남아 무동은 바지저고리를 입는다.

2) 놀이의 내용

청단놀음은 여섯 마당으로 구성된다. 광대북놀음·양반놀음(행의놀음)·주지놀음·지연광대놀음·중놀음(얼레방아놀음)·무동놀음 등이다. 이 놀이는 대사 없이 진행되는 묵극이기 때문에 광대의 몸짓을 눈여겨봐야 한다. 몸짓을 중심으로 놀이의 내용을 살펴보면 다음과 같다.

(1) 광대북놀음

놀이판을 여는 마당이다.

　　가. 광대가 자기 앞에 놓인 북을 두드리다가 맞은편의 북으로 이동한다.
　　나. 광대는 두 개의 북채를 들어 마주치면서 도무하는 형태를 취하며 움직인다.
　　다. 맞은편 북 앞에 가면 일정 시간 동안 북을 두드리다가 다시 맞은편의 북으로 이동한다.
　　라. 이와 같은 동작을 여러 차례 반복한다.

이 마당은 북광대의 움직임으로만 이루어지지 않는다. 쪽박광대가 등장해 가벼운 몸짓과 표정으로 놀이판과 관극 공간의 경계를 넘나들며 사람 찾는 시늉을 하며, 이런 움직임은 다른 마당에서도 나타난다.

(2) 양반놀음

이 마당에는 양반과 사대부, 그리고 쪽박광대가 등장한다. 양반과 사대부는 쪽박광대를 놓고 다툼을 벌임으로써 위선과 모순을 스스로 드러낸다.

　　가. 쪽박광대가 등장해 춤을 춘다.
　　나. 양반이 등장하자 쪽박광대가 그를 유혹하는 춤을 추고 마침내 양반이 이에 호응해 함께 춤춘다.
　　다. 사대부는 홀로 춤을 추면서 이 장면을 보다가 둘 사이에 끼어들어 옥신각신한 끝에 쪽박광대와 춤을 춘다.
　　라. 기회를 엿보던 양반이 사대부를 밀어내고 쪽박광대와 춤을 추다가 퇴장한다.

양반은 상중喪中임을 표현하는 백립을 쓰고 흰색 행의를 입었으며 요령搖鈴을 들고 있다.

사대부는 정자관을 쓰고 흰색 도포를 입었으며 담뱃대를 들고 있다. 차림으로 보아 행세깨나 하는 집안의 나이 지긋한 남성들이다. 한편 박색에다 입이 비뚤어진 쪽박광대는, 월경혈이 묻은 속곳으로 보아 생산이 가능한 여성으로서 능동적으로 움직이며 남성을 유혹한다. 양반은 상중임에도 놀이판에 나와 여색을 탐하며 사대부 역시 마찬가지이다. 두 사람은 적극적으로 구애하는 쪽박광대의 유혹을 뿌리치는 듯하지만, 얼마 지나지 않아 본능을 따르는 모습을 보여준다.

(3) 주지놀음

두 명의 주지가 주지판을 들고 나와, 서로 또는 관중을 향해 주지판을 움직이며 독무와 대무를 거듭하는 마당이다.

가. 두 명의 주지가 서로 마주 본 상태에서 주지판을 좌우로 움직이며 등장한다.
나. 주지판을 머리 뒤쪽에서 앞쪽으로 가져오는 듯 움직이며 바깥 방향으로 돈다.
다. 주지판을 올리고 내리는 것을 반복하면서 앞으로 전진한다.
라. 서로 어깨를 맞대고 좌우로 돌면서 대무를 한다.
마. 주지판을 내렸다가 오른쪽 어깨 위에서 살짝 감아주며 몸을 틀어준다.
바. '라'와 '마'의 동작을 하며 마당 정면을 향하거나, 주지끼리 서로 마주 본 상태에서 전진과 후진을 반복한다.
사. 각기 반대 방향으로 '마'의 동작을 하며 퇴장한다.

주지놀음에는 두 명의 주지가 주지판을 들고 등장한다. 놀이판에 나온 주지가 취하는 움직임은 크게 두 가지이다. 하나는 관중을 향해서 주지판을 위아래로 움직이는 것이고, 또 하나는 서로 대무하면서 주지판을 움직이는 것이다. 꿩털로 장식한 주지판은 주지를 표상하는 신체神體의 일부분이자 신령스러운 힘의 원천으로서, 광대들이 주지판을 움직이

〈사진 8·9·10〉 제1마당 광대북놀음 춤사위
(예천박물관 제공)

〈사진 11·12·13〉 제2마당 양반놀음 춤사위
(예천박물관 제공)

〈사진 14·15·16〉 제3마당 주지놀음 춤사위
(예천박물관 제공)

는 것은 사악한 기운을 물리치는 의미를 갖는다.

(4) 지연광대놀음
네 명의 지연광대가 등장해 다양한 대형을 그리면서 활달한 의식무를 펼치는 마당이다.

    가. 사방 대형(우측 앞쪽은 가을, 뒤쪽은 봄, 좌측 앞쪽은 겨울, 뒤쪽은 여름)으로 제자리에 서서 키탈을 좌우로 움직인다.
    나. 몸을 움츠렸다가 키탈과 함께 길게 뻗어준다.
    다. 키탈을 좌우로 흔들면서 힘차게 마당 앞쪽으로 뛰어나온다.
    라. 정면을 본 상태에서 키탈을 수직 방향으로 흔들다가 팔을 사선 방향으로 쭉 뻗어준다.
    마. '다'의 동작을 하면서 좌우로 돌고, 모였다가 흩어지기를 반복한다.
    바. 긴 사방 대형(좌측부터 겨울, 여름, 봄, 가을)을 만들고 키탈을 덮어쓴다.
    사. 옆 뛰기를 하면서 팔을 날갯짓하듯이 움직인다.
    아. 자연스럽게 팔을 메다가, 몸을 왼쪽으로 틀어 앉고 서기를 반복한다.
    자. 정면으로 엉금엉금 걸어 나오며, 수염을 크게 쓰다듬는다.
    차. 양팔을 교대로 메면서 마당 양옆으로 퇴장한다.

이 놀음에서 광대들은 탈을 들거나 쓰고 사방과 놀이판의 중심, 그리고 전후좌우를 오가면서 역동적인 몸짓을 보여준다.

(5) 중놀음
이 마당에는 중과 쪽박광대, 얼레방아가 등장한다. 중이 쪽박광대의 유혹에 넘어가서 춤을 추다가 얼레방아에게 들켜 혼이 나고, 쪽박광대를 차지한 얼레방아가 쪽박광대와 놀아나는 내용을 담고 있다.

가. 얼레방아가 등장해 무언가 찾는 시늉을 하며 춤을 추다가 들어간다.
　　나. 쪽박광대가 등장해 마당을 쓴다.
　　다. 이때 중이 등장해, 바람에 흩날리는 치마 사이로 쪽박광대의 월경혈이 묻은 속곳을 본다.
　　라. 이 사실을 알아챈 쪽박광대가 중에게 접근하자 중은 정색을 하며 피한다.
　　마. 쪽박광대가 계속 유혹하자 마침내 중도 좋아하며 함께 춤을 춘다.
　　바. 둘 사이의 춤이 익어갈 무렵 얼레방아가 등장해 이 장면을 목격하고 중을 윽박지른다.
　　사. 이에 놀란 중이 넘어져 벌벌 떠는 가운데, 얼레방아가 쪽박광대와 놀아난다.
　　아. 중이 아쉬운 표정으로 퇴장하고 쪽박광대와 얼레방아도 퇴장한다.

중은 송낙을 쓰고 가사장삼을 걸쳤으며 목탁과 지팡이를 들었다. 얼레방아는 패랭이를 쓰고 쾌자를 걸친 하급 관속의 모습이다. 중은 제법 경건하게 등장해 근엄한 체하지만, 쪽박광대의 유혹에 넘어감으로써 그를 강제하던 계율의 울타리를 벗어난다. 한편 얼레방아는 중과 쪽박광대의 사랑놀음을 목도하고 중을 혼냄으로써 윤리와 도덕의 수호자인 것처럼 행세하지만, 곧 쪽박광대와 놀아남으로써 그 역시 욕망을 따르는 인간임을 드러낸다.

　(6) 무동놀음
이 마당에는 여러 조의 이무동二舞童이 등장한다.

　　가. 무동의 움직임은 횡대형과 종대형, 원형으로 이루어진다.
　　나. 무동은 팔을 이용한 춤사위를 펼친다.
　　다. 무동마당이 일정하게 진행된 뒤 놀이꾼과 관중이 함께 신명을 푸는 뒤풀이가 이어진다.

이 마당은 무동의 춤과 무동꾼의 움직임을 통해 관중의 신명을 고양시키고 풀어내기 위한 놀이적 장치라고 할 수 있다.

〈사진 17 · 18 · 19〉 제4마당 지연광대놀음 춤사위
(예천박물관 제공)

〈사진 20 · 21 · 22〉 제5마당 중놀음 춤사위
(예천박물관 제공)

〈사진 23 · 24 · 25〉 제6마당 무동놀음 춤사위
(예천박물관 제공)

3. 주제와 갈등양상

청단놀음의 주제는 주술·종교적인 차원과 사회적 차원에 걸쳐져 있다. 대개의 탈놀이는, 굿에서 극으로의 발전이라는 일반적인 진화의 도식에서 비교적 극 쪽에 가까이 가 있고, 그렇기 때문에 주술·종교적 성격이 약화되고 사회적 성격이 강화된 양상이 나타난다. 이에 비해서 청단놀음은 아직 굿 쪽에 가까이 있는 탈놀이로서 강한 주술·종교적 성격을 지니고 있다.

이와 같은 양상은 마당의 구성에서 확인할 수 있다. 전체 여섯 마당 가운데 일정한 주제를 전달하는 마당은, 양반놀음·주지놀음·지연광대놀음·중놀음 등 네 마당이다. 이 가운데 주지놀음과 지연광대놀음은 시종 벽사진경辟邪進慶이라는 주술·종교적 주제를 구현할 뿐 어떤 사회적 의미도 담고 있지 않다. 한편 양반놀음과 중놀음은 표면적으로는 양반층에 대한 풍자와 파계승의 관념적 허위에 대한 풍자라는 사회적 주제를 구현하지만, 심층적으로는 당신화에 등장하는 원혼형 여신의 결핍된 성을 충족시켜 줌으로써 해원하고, 그리하여 공동체의 안녕을 기원하는 주술·종교적 성격을 갖고 있다.

1) 주술·종교적 주제와 갈등양상

먼저 주지마당이다. 주지는 사악한 기운을 물리치는 신령스러운 존재로서 공동체를 위협하는 사악한 기운을 물리치고 놀이판을 정화한다. 주지판에 달린 꿩털은 주지가 지상적 존재이자 천상적 존재임을 상징한다. 주지는 천지인의 삼재를 넘나드는 벽사의 영수로서 공동체 공간을 종횡한다. 종적으로는 지상으로부터 하늘에 이르고 횡적으로는 동서남북과 중앙의 오방에 이른다. 따라서 광대가 주지판을 움직일 때 그 효용이 미치는 범위는 공동체의 모든 공간이 된다.

주지마당에서 갈등은, 초인간적 존재인 주지와 역시 초인간적 존재이면서 정체가 드러나지 않는 사악한 힘, 즉 보다 나은 삶을 꿈꾸는 인간의 의지와 노력을 좌절시키는 힘 사이에 존재한다. 초인간적 존재 사이의 갈등인 셈이다. 일상 속에서 인간은 불만족한 현실을 경험하고 그 원인의 일부를 사기邪氣 탓으로 돌리며, 새해를 맞이하는 축제의 현장, 곧 청단놀음의 연행 현장에서 그것을 없애려고 한다. 주지는 이 같은 인간의 의지를 투사한 존재로서 인간을 대신해 사악한 힘과 싸우고 그 싸움에 승리함으로써 인간의 기대를 충족한다.

이 과정에서 사악한 힘은, 비록 놀이판에는 가시적인 형상으로 등장하지 않지만 분명히 존재하는 갈등의 한 축으로서, 주지판이 일으키는 바람결의 끝자락에서 저항하다가 마침내 공동체의 밖으로 사라진다. 이 갈등에서 사악한 힘은 통상적인 인간의 의지와 능력을 넘어서 있고 곧잘 공동체 구성원을 무릎 꿇게 한다는 점에서, 유사 이래 인간과 갈등해 온 자연의 부정적 은유이다. 이에 비해 주지는 공동체 구성원의 안녕을 보장하는 역할을 수행한다는 점에서, 유사 이래 인간과 공존해온 자연의 긍정적 은유라고 할 수 있다. 따라서 주지마당의 갈등은 결국 긍정적 자연과 부정적 자연의 갈등인 셈이고, 전자가 인간의 의지를 반영한 존재라는 점에서 인간과 자연의 갈등인 셈이다.

다음으로 지연광대놀음이다. 그 유래를 알 수 없는 '지연'은[13] 사방과 사계를 상징하는 존재로서 방위신의 성격과 함께 농경신의 성격도 갖고 있다. 오방처용五方處容의 등장 이래 탈을 쓴 구나驅儺의 신격이 각 방위를 수호하는 모티프는 일부 탈놀이에 수용, 전승되었다. 오광대탈놀이의 오방신장五方神將은 오방처용의 연장선에서 이해할 수 있고 봉산탈춤의 사상좌四上佐 역시 같은 맥락에서 이해할 수 있다.[14]

일반적으로 방위신은 동서남북과 중앙을 수호하는 신으로서 '수호'는 주로 '밖으로부터 안을 지키고 보호한다.'는 의미를 지닌다. 이때의 밖이란 무질서한 세계 그리하여 위험한

---

13 박진태는 '액막이연'의 사례처럼 종이연이 일정하게 송액(送厄)의 주술·종교적 기능을 담당한다는 데 착안해 지연(紙鳶)으로 보았다(「예천청단놀음의 대립구조와 지역성」, 『구비문학연구』 18권, 한국구비문학회, 2004, 402쪽, 각주 12 참조).
14 정형호, 「한국 가면극의 유형과 전승원리 연구」, 중앙대학교 박사학위논문, 1995, 95~102쪽 참조.

세계이고 나쁜 기운 곧 재액을 내함한 세계이다. 따라서 방위신과 그 변용의 신격 또는 인격이 등장해서 벌이는 놀이는, 기본적으로 안팎의 대립구도 속에서 공동체 내부의 길함을 지키는 방위신과 외부의 흉함이 갈등하는 구조를 갖고 있다.

청단놀음의 지연광대 역시 공동체 밖의 흉함이 안으로 들어오지 못하도록 차단하고 안의 길함이 밖으로 빠져나가지 못하도록 한다는 점에서 방위신의 일반적 성격을 공유한다.[15] 또한 보다 나은 삶을 희구하는 인간의 대리자로 벽사진경의 싸움에 나서는 지연광대는, 주지와 같은 맥락에 있는 초인간적 존재이므로 지연광대놀음의 갈등 역시 인간과 자연의 갈등이라고 할 수 있다.

2) 사회적 주제와 갈등양상

양반놀음은 양반과 사대부가 등장해 쪽박광대를 놓고 다툼을 벌이는 마당이다. 양반은 상중임에도 아랑곳하지 않고 놀이판에 나와 정욕을 표출하고 사대부 역시 마찬가지이다. 이 일련의 과정에서 우리는 양반이 등장하는 마당의 일반적 주제인 지배층의 허위와 모순에 대한 풍자를 쉽게 확인할 수 있다. 특히 양반을 상중임에도 불구하고 놀이판에 나와 윤리도덕에 반하는 행위를 서슴지 않는 존재로 설정한 것은, 양반 풍자의 심도를 더하는 극적 장치로 봐도 될 것이다.

한편 중놀음은 중과 쪽박광대의 사랑놀음을 얼레방아가 등장해 좌절시킨 뒤, 얼레방아와 쪽박광대가 사랑놀음을 펼치는 마당이다. 이 과정에서 관념적 허위에 대한 풍자라는 중마당 일반의 주제를 확인할 수 있는 한편, 중의 징계자인 얼레방아 역시 본능에 충실한

---

15 이런 점에서 지연광대의 역할은 비보풍수의 사유방식과 닿아 있다. 비보풍수의 요체는 안의 좋은 기운을 갈무리하고 밖으로부터 들어오는 사악한 기운을 물리치는 데 있다(한양명, 「향촌민의 풍수지리적 공간인식과 대응방식」, 『안동문화』 14집, 안동대안동문화연구소, 1994 참조).

존재임을 알 수 있다.

　이처럼 양반놀음과 중놀음의 주제를 사회적 맥락 속에서만 바라보는 것은 자칫 청단놀음의 다성적多聲的 울림을 단성화單聲化할 위험이 있다. 양반놀음에서 양반지배층에 대한 풍자는, 다른 탈놀이에서처럼 방자형 하인의 언행을 매개로 이루어지지 않고, 쪽박광대를 두고 다투는 양반과 사대부의 갈등으로부터 발생한다. 그들은 자신의 행위를 통해 스스로 허위와 모순을 드러낸다. 그런데 이 갈등이 성적 욕망을 억누르는 윤리 도덕과 그로부터 일탈하고픈 인간적 본성 사이의 갈등에서 비롯되었다는 것에 주목할 필요가 있다.

　쪽박광대의 유혹을 받은 양반과 사대부는 사회화의 과정에서 학습 받은 문화, 곧 윤리와 도덕에 기대어 성적 욕망을 잠시 억누른다. 문화와 본성 사이의 갈등이 시작된 것이다. 이 갈등에서 승자는 결국 문화가 아니라, 문화가 억압한 인간의 본원적 생명력 곧 신명이다.[16] 신명이 윤리 도덕을 이김으로써 양반과 사대부의 신명풀이가 가능해졌지만, 그 승리가 곧 일탈에 다름 아니기 때문에 윤리 도덕의 수호자이자 실천자로서 양반과 사대부의 권위는 부정된다.

　이런 양상은 중놀음에서도 마찬가지이다. 중은 누구의 공격을 받아서가 아니라 자신의 행위를 통해서 허위를 드러낸다. 중은 승려로서 지켜야 할 계율, 즉 문화적 강제와 인간적 본성 사이에서 갈등하고, 그 갈등에서 인간적 본성이 승리함으로써 신명풀이가 가능해진다. 얼레방아의 경우 중을 징치하는 데 그친다면 문화에 속박된 존재에 불과할 테지만, 별다른 내적 갈등 없이 중의 자리를 빼앗아 쪽박광대와 놀아남으로써 중보다 더 신명풀이에 충실한 모습을 보여준다. 이렇듯 인간의 본원적 생명력으로서 신명의 해방은, 필연적으로 문화적, 일상적 질서와 권위에 대한 부정으로 귀결될 수밖에 없고, 바로 이 지점에 우리 탈놀이의 재미가 놓여 있다.

16　인간의 본원적 생명력으로서 신명과 문화의 갈등양상에 대해서는 한양명, 「민속예술을 통해 본 신명풀이의 존재양상과 성격」, 『비교민속학』 22집, 2002을 참조하기 바람.

한편 쪽박광대는 그 용모와 손에 든 빗자루 그리고 쪽박으로 미루어 볼 때 하층의 여성으로서 상당히 적극적으로 남성을 유혹한다. 그녀의 속곳에 어린 월경혈은 좌절된 생산의 욕망을 상징하므로 그녀의 유혹은 곧 생산을 향한 의지를 표상한다. 이런 맥락에서 남성들은 일차적으로 그녀와 함께 생산을 완성할 짝짓기의 대상이라고 할 수 있다. 굳이 쪽박광대를 박색으로 묘사한 것도 신분을 비롯한 대상의 속성을 불문하게 한 것도, 짝짓기 그 자체에 대한 강조에 무게 중심이 놓여 있기 때문일지도 모른다.

쪽박광대의 이런 적극성은 사회적 맥락에서만 해석하기 어렵다. 청단놀음에서 그녀는 우선 놀이판을 돌아다니며 '가출한 여인'을 찾는 존재로 설정되어 있다. 다른 한편으로 쪽박광대는, 적극적인 짝짓기의 시도를 통해 생산의 가능성을 추구하는 여성으로 설정되어 있다. 이와 같은 쪽박광대의 모습은 당신화와 이중적으로 연관되어 있다. 시종 놀이판을 돌아다니며 사람 찾는 시늉을 하는 쪽박광대가 당신화의 '여인 찾기 모티프'를 반영하고 있다면, 성적 욕망과 몸짓은 젊은 나이에 죽임을 당함으로써 원귀가 된 여신의 성적 결핍을 충족시키려는 해원의 의도를 반영하는 것으로 볼 수 있다.

따라서 쪽박광대는 찾는 자이면서 동시에 그 대상이 되는 이중적 지위를 갖고, 찾음의 대상일 때 쪽박광대는 곧 당신堂神인 검덕부인의 놀이적 현신이 된다.[17] 이런 맥락에서 볼 때, 양반놀음과 중놀음에서 쪽박광대의 행위는 해원을 통한 공동체의 안녕 희구라는 주술·종교적 의도를 내함하고 있으며, 이 두 마당에서 성性은 현실과 신화, 성과 속을 매개하는 극적 장치라고 할 수 있다.[18]

---

17 박진태 역시 청단놀음의 쪽박광대를 하회별신굿탈놀이의 각시와 마찬가지로 당신(堂神)의 현현으로 보았다. 그는 당신화에 대한 분석을 통해 젊은 여성의 원혼을 해원시키기 위해서 그녀를 동신화(洞神化)하고 당제와 탈놀이를 설행했으며, 탈놀이의 쪽박광대가 바로 당신화에 등장하는 여신이라고 했다. 또한 그는 청단놀음을 해원기능의 시각에서 접근해야 한다면서, 해원은 여신의 좌절된 성욕을 충족시켜 줌으로써 가능하고, 따라서 쪽박광대가 양반·사대부·중·얼레방아와 적극적인 성행위를 하는 것은 이런 맥락에서 해석해야 한다고 했다(앞의 글, 404~406쪽).

18 탈놀이에서 성의 의미와 역할에 대해 보다 상세한 것은 임재해,「탈춤에 형상화된 성의 민중적 인식과 변혁적

4. 배역의 성격과 특징

청단놀음에 등장하는 배역은 크게 보아 사회적 존재, 주술·종교적 존재, 그리고 양면적 존재로 나눌 수 있다. 양반과 사대부, 그리고 중과 얼레방아가 인간으로서 사회적 존재라면, 주지와 지연광대는 주술·종교적 존재이고 쪽박광대는 인격이면서 동시에 신격인 양면적 존재이다. 이들의 성격을 다른 탈놀이의 유사 배역과 견주면서 살펴본다.

1) 사회적 존재

양반은 유교적 신분체제의 상부에 위치한 이로서 모든 탈놀이에 등장한다. 탈놀이에서 이들은, 금욕주의를 배경으로 윤리 도덕적 규범을 요구하는 사회의 기대를 심각하게 저버린다. 사회적 기대 역할과 놀이 속 역할 사이의 불일치는 스스로를 풍자의 대상으로 만듦으로써 축제적 웃음을 유발하고 관중의 신명을 고양시킨다.

탈놀이에 등장하는 양반을 좁은 의미에서의 양반, 즉 누대에 걸쳐 벼슬살이를 해 온 집안의 성원으로서 일정한 학문적 능력을 갖추고 성리학적 이념에 충실한 자로 보기에는 무리가 있다. 탈놀이에서 양반은 대개 심신이 비정상인 상태로 형상화되며, 양반에게 요구되는 사회적 역할을 수행하기에는 소양이나 자질이 부족한 경우가 대부분이다. 그렇기에 이들은 어렵지 않게 그들이 속한 문화의 굴레를 벗어나 신명을 풀어내는 데 충실할 수 있다.

청단놀음에 등장하는 양반과 사대부 역시 다른 탈놀이의 양반들과 마찬가지로 행신 범절이 마뜩하지 않다. 그들은 체통을 버리고 놀이판에 나와서 춤을 춘다. 특히 양반은 상중임에도 불구하고 놀이를 즐긴다. 출현과 행색 자체가 그들의 속성을 암시하는 것이다. 어울리지 않는 자리에 어울리지 않게 등장한 양반과 사대부는, 쪽박광대를 사이에 두고 갈등함으

성격」, 『한국문화인류학』 29집 2호, 한국문화인류학회, 1996을 참조하기 바람.

로써 스스로 모자람과 성적 욕망을 드러내고 풍자의 대상이 된다. 이런 양상은 방자형 인물과 대립하고 갈등함으로써 풍자의 대상이 되는 일반적인 탈놀이는 물론 인근 지역에서 전승되는 하회별신굿탈놀이와도 다르다. 하회의 경우 양반과 선비가 부네라는 여성을 두고 대립하지만, 그들의 대립에는 소극적이긴 해도 역시 방자형 인물인 초랭이가 개입한다.

다음으로 중이다. 탈놀이에서 중이 가장 다양한 형태로 등장하는 것은 해서탈춤과 산대놀이이다. 봉산탈춤의 사례를 보자. 봉산탈춤에서 중은 노장과 목중 그리고 상좌의 세 가지 모습으로 등장한다. 상좌는 놀이의 들머리에 등장해 탈판을 정화하는 역할을 하며, 목중은 수도자 신분을 망각한 채 풍류를 즐기고 노장을 희롱한다. 한편 고승인 노장은 소무를 사이에 두고 취발이와 싸움을 벌여 패퇴한다. 다음으로 경남지역에서 전승되는 야류와 오광대의 경우 오광대에만 중이 등장한다. 가산과 진주에서는 중이 여색을 탐하다가 양반에게 패퇴하고, 나머지 탈놀이에서는 중이 여성과 춤을 추며 즐기는 과정을 형상화했다. 이에 비해서 하회별신굿탈놀이에서는, 중이 부네를 유혹해 어우러지다가 초랭이의 등장으로 방해를 받자 부네를 데리고 도망치는 것으로 형상화했다.

청단놀음에서 중은 쪽박광대의 유혹에 넘어가 함께 놀다가 얼레방아의 일방적 공격을 받고 패퇴하는 존재이다. 누구에게도 속하지 않은 여성을 상대로 욕망을 표출한다는 점에서 하회별신굿탈놀이의 중과 같지만, 하회와 달리 제 3의 인물에게 패퇴하는 것은 해서탈춤 및 산대놀이의 노장과 유사하다.

마지막으로 얼레방아이다. 얼레방아는 그 행동거지로 보아 방자형 인물의 계보에 속하는 것으로 보인다. 탈놀이에 등장하는 방자형 인물은 주로 양반을 공격함으로써 그들이 스스로 모순과 허위를 드러내도록 하는 역할을 수행한다. 이들은 양반에 대한 공격의 정도에 따라 말뚝이형과 초랭이형으로 나눌 수 있는데, 말뚝이형이 양반의 권위를 부정하고 공격에 적극적인 데 비해서 초랭이형은 양반의 권위를 인정하고 공격에 소극적인 모습을 보여준다.[19] 해서탈춤과 산대놀이, 그리고 야류와 오광대탈놀이의 말뚝이가 전자에 속한다면 하회별신굿탈놀이의 초랭이는 후자에 속한다.

청단놀음의 경우 얼레방아를 다른 탈놀이에서처럼 양반과 대립하는 존재로 설정하지 않고, 중과 쪽박광대의 사랑놀음에 개입해 중을 패퇴시키고 쪽박광대를 차지하는 인물로만 형상화했다. 이런 면에서 얼레방아는 하회별신굿탈놀이의 파계승마당에 등장하는 초랭이와 비슷해 보인다. 하지만 하회의 초랭이는 중과 부네의 사랑놀음에 소극적으로 개입할 뿐 적극적으로 나서 중을 물리치고 부네를 취하지 않는다는 점에서 차이가 있다.

얼레방아가 중과 싸움을 통해 여성을 취하는 것은 오히려 취발이와 유사한 면이 있다.[20] 취발이는 소무를 두고 노장과 대결을 벌여 노장을 물리치고 소무를 차지하는 인물이기 때문이다. 이렇게 보면 얼레방아는 초랭이와 취발이의 성격을 함께 보여주는 복합적 인물이라고 하겠다.

2) 주술·종교적 존재

주지는 사악한 것을 물리치는 벽사의 영수이다. 탈놀이에 등장하는 동물, 또는 신이한 짐승으로는 사자와 영노가 대표적이다. 사자는 함경북도 북청의 사자놀음을 비롯해 봉산·강령·은율·서흥 등지의 탈놀이에 등장하고 수영야류와 통영오광대 등에도 등장한다. 북청의 사자놀음은 이동형의 탈놀이로서 사자는 벽사진경의 영수로 인식된다. 한편 봉산의 사자는 타락한 먹중을 징벌하기 위해 문수보살이 보낸 존재로 인식되고, 서흥의 사자는 액운을 걷어내고 소망을 이루어 주는 존재로 인식된다. 이에 비해 수영야류의 사자는 범과 싸움을 벌여 잡아먹는 존재이고, 통영오광대에서 사자는 담보와 싸워 담보를 잡아먹지만 포수에게 죽임을 당하는 존재로 나타난다. 이렇게 보면 사자는, 통영오광대의 경우를 제외

---

19 서종문은 탈놀이에 등장하는 방자형 인물을 말뚝이형과 초랭이형(이매형)으로 나누고 말뚝이형이 양반을 압도하는 데 비해서 초랭이형은 양반에 종속적이라고 했다(「말뚝이형 인물 형성에 대하여」, 진주탈춤학예굿발표논문, 2003. 5. 22, 미간)).
20 박진태, 앞의 글, 417쪽.

하면 모두 재액을 물리치는 존재로 인식됨을 알 수 있다.[21]

한편 영노(비비)는 무엇이든지 잡아먹는 천상의 영수로 인식되는 상상의 동물로서 야류와 오광대탈놀이에 등장한다. 영노는 양반 또는 오방신장과 관계하는 존재로 등장하는데, 수영야류에서는 양반을 궁지에 몰아 잡아먹고 동래야류와 고성오광대에서는 양반을 궁지로 몰지만 죽이지는 않는 존재로 나타난다. 한편 가산오광대에서 영노는 오방신장 가운데 하나인 황제장군과 대립해 그를 잡아먹은 뒤에, 포수에게 죽임을 당하는 존재로 나타난다. 황제장군도 양반을 자칭하는 존재임을 감안할 때, 영노는 특히 양반으로 상징되는 사회적 재앙을 물리치는 존재로 인식되었음을 알 수 있다.[22]

청단놀음 외에 주지가 등장하는 놀이로는, 최남선이 보고한 경주의 주지놀음과 황철산이 보고한 함경도 북부 산촌의 주지놀이, 그리고 하회별신굿탈놀이의 주지놀음(주지마당)이 있다. 최남선에 의하면 경주의 월남月南과 보문普門에 주지놀이가 있었고 마을마다 이 놀이를 보조하기 위한 '주지논'이 있었다. 세말연초의 시기에 두 마을이 중로中路에서 만나 밤이 새도록 싸워 승부를 가리고 세후歲後에는 여러 마을을 돌아다니면서 축사연상逐邪延祥을 기원했다.[23] 함경도 북부 산촌의 주지놀이는 해마다 설과 보름 같은 명절의 밤에 가장을 한 채 춤추고 노래 부르며 즐기는 놀이였다. 주지놀이에 가면을 쓰기도 했는데, 가면은 개가죽으로 귀를 벌쭉하게 만들고 얼굴은 붉은 종이로 가렸으며, 코는 가면 쓴 사람의 코가 그대로 나오도록 하고 눈은 치켜세웠다. 또한 수염은 피껍질을 붉게 물들여 만들었다. 사람들은 이런 형상의 가면과 개가죽 저고리를 착용하고 춤을 추었다.[24]

하회의 주지놀음은, 포대형의 의상을 입은 암수 주지가 반달형의 목재에 두 눈을 그리고 그 위쪽에 꿩털을 꽂은 뒤 아래턱과 위턱을 분리해 "딱딱" 소리가 나게 만든 탈을 들고 나와

---

21 전경욱, 『북청사자놀음교본』, 북청사자놀음보존회, 1996, 17~19쪽, 138~141쪽 참조.
22 정상박, 『오광대와 들놀음 연구』, 집문당, 1986, 125~126쪽 참조.
23 최남선, 『조선상식문답속편』, 동명사, 1947, 340쪽.
24 황철산, 『함경북도 북부산간부락(재가승부락)의 문화와 풍습』, 과학원출판사, 1960, 119~120쪽.

벽사의 움직임을 보여주는 것이다.[25] 전체적으로 보았을 때 주지는, 세말연초에 벌어지는 구나형식의 의례적 행사에서 벽사의 기능을 수행하는 영수로 인식되었음을 알 수 있다.

청단놀음의 주지는 탈을 쓴 두 명의 광대가 포대형의 옷을 입은 뒤, 반달형의 나무판에 꿩털을 꽂고 그 하단에 솜뭉치를 주렁주렁 매단 주지판을 들고 나와 사악한 기운을 몰아내는 존재이다. 벽사의 소임을 수행한다는 점에서 그 역할이 사자 그리고 다른 지역의 주지와 유사함을 알 수 있다. 특히 하회의 주지와 형상이 비슷한데, 하회의 주지가 손에 든 탈과 머리로부터 가린 포대형 의상으로 표상되는 데 비해서, 청단놀음의 주지는 주지판과 목으로부터 가린 포대형 의상, 그리고 광대의 탈로 형상화된다는 점에서 구별된다.

한편 청단놀음의 지연광대는 사방을 수호하고 사계절을 상징하는 존재로 인식된다. 우리 탈놀이에서 방위와 관련된 배역으로는 사상좌와 오방신장 등을 들 수 있다. 봉산탈춤에서 사상좌는 탈놀이의 들머리에 등장해 동서남북의 신을 향해 배례하고 벽사와 정화의 춤을 춘다. 가산오광대와 진주오광대 등의 첫째 마당에 등장하는 오방신장은, 오방에 자리를 잡고 벽사진경의 의식무를 춘다. 지연광대는 다양한 집단무를 통해 사방을 수호한다는 점에서 사상좌 및 오방신장과 유사하다. 하지만 광대가 사용하는 탈이 춘하추동을 표상하고 그들의 춤이 계절을 단위로 순환하는 농경사회의 안과태평과 연관되는 점은 특징적이라고 할 수 있다.[26]

3) 양면적 존재

우리 탈놀이에서 젊은 여성 배역은 그 성격에 따라 유녀형遊女型과 첩실형妾室型으로 나

---

25 유한상, 「하회별신가면극대사」, 『국어국문학』 20호, 국어국문학회, 1959 참조.
26 박진태는 지연광대가 좌우로 돌면서 집단무를 추는 것을, 사계절의 순환 질서를 조절해 풍조우순(風調雨順)의 태평성대를 이룩하려는 주술적 행위로 보았다(앞의 글, 414~415쪽 참조). 지연광대의 탈을 농산물의 선별 과정에 사용하는 키로 만든 것도 지연광대와 농경 생산의 관계를 보여주는 것으로 볼 수 있을 것이다.

눌 수 있다. 유녀형의 인물은 주로 중의 파계를 부추기고 양반의 허위를 드러내는 역할을 하고, 첩실형의 인물은 영감과 할미의 갈등을 조장하는 역할을 한다. 예컨대 봉산탈춤의 경우, 노장과장에서 소무는 노장을 유혹해 파계시키고 신장수의 수하인 원숭이의 음행을 수용하며, 노장이 젊은 취발이와 대결에서 패하자 취발이의 품에 들어 아이를 낳는다. 한편 미얄과장에서 첩인 덜머리집은 미얄과 영감의 갈등을 증폭시킨다.

한편 하회별신굿탈놀이의 각시는 젊은 여성 배역이면서도 특별한 위상을 갖는다. 그녀는 당신화에 등장하는 허도령의 연인이자 별신굿의 대상신으로 인식된다. 부연하자면 당신의 축제적, 놀이적 현현이 곧 각시인 것이다. 탈놀이의 과정에서 각시는, 일반적인 젊은 여성 배역과 다르게 남성과 관계를 맺지 않고 각시마당에서 신성의 현현을 고지한 뒤에 걸립을 할 뿐이다. 각시가 남성과 관계를 맺는 것은 비의秘儀로 진행되는 혼례마당에서이다. 이 마당에서 각시는 성적 결핍을 해소함으로써 해원解冤한다.

청단놀음에서 쪽박광대는, 놀이판 또는 놀이판과 관중석의 경계를 휘젓고 다니며 당신화의 '가출한 여인 찾기' 모티프를 실행하는 인물이면서, 양반놀음과 중놀음에서 성적 욕망을 표출해 양반과 사대부, 중과 얼레방아와 관계를 맺는 인물이다. 이런 점에서 쪽박광대는 유녀형 인물의 면모를 보여주는 인간적 존재이다. 하지만 그녀는 당신의 놀이적 현현이라는 점에서 주술·종교적 존재이기도 하므로 그녀의 성적 욕망은 곧 당신으로 좌정한 여인의 욕망이라고 할 수 있다.

이렇듯 쪽박광대는 사회적 존재이면서 주술·종교적 존재이고 인격이면서 신격인 양면성을 보여준다. 쪽박광대의 이런 면모는 신격인 하회별신굿탈놀이의 각시가 공개적인 탈놀이 마당에서 정숙한 모습을 보이다가 비의로 벌어지는 혼례마당에서 욕망을 표출하는 것과 구별된다.

5. 청단놀음의 의의

지금까지 살펴본 결과를 바탕으로 청단놀음의 의의를 살펴보면 다음과 같다.

첫째, 청단놀음은 강릉지역에서 전승되어온 관노가면극과 함께 우리 탈놀이에서 드문 묵언 탈놀이의 전통을 잇고 있다. 전체 다섯 과장으로 구성된 관노가면극의 경우 장자마리가 등장해 판을 여는 과장을 제외하면, 양반과 소매각시의 만남, 시시딱딱이의 훼방, 소매각시의 자살 시도, 양반과 소매각시의 화해로 이어지는 인과적 구성방식을 취하고 있다. 이에 비해서 청단놀음은 독립적인 여섯 개의 마당으로 구성되어 좀 더 다채로운 면모를 보여준다.

둘째, 우리 탈놀이 가운데 당신화와 공동체 제의, 그리고 놀이가 유기적으로 결합한 사례로는 하회별신굿탈놀이와 관노가면극 등이 있다. 하회의 경우, 각시광대는 상당에 좌정한 서낭신이자 당신화에서 허도령의 금기 위반과 죽음을 초래한 여성이기도 하다. 따라서 탈놀이는 당신화와 공동체 제의의 놀이적 상관물이라고 할 수 있다. 한편 관노가면극은 강릉단오굿과 유기적으로 결합해 제의의 놀이적 상관물이라고 할 수 있지만 당신화와 연관성이 보이지 않는다. 이에 비해 청단놀음은 당신화와 제의, 그리고 탈놀이의 유기적 상관성을 보여준다. 놀이에 등장하는 쪽박광대는, 당신화의 가출한 여인으로서 동본리 터서리당의 여신이기도 하다. 따라서 청단놀음은 당신화와 공동체 제의의 놀이적 상관물이 된다. 이런 양상은 하회의 경우와 유사하지만, 여신의 놀이적 현현으로서 각시와 쪽박광대의 존재양상은 서로 다르다. 하회의 각시는 시종 정숙한 모습을 보이고 비의의 과정에서 성적 결핍을 해소하지만, 청단놀음의 쪽박광대는 공개된 놀이판에서 적극적으로 욕망을 표출하는 모습을 보여준다.

셋째, 청단놀음은 인접한 안동의 하회마을에서 전승되는 하회별신굿탈놀이와 유사하면서도 다른 면모를 보여준다. 우선 유사점을 살펴보면, 공동체 제의와 당신화 그리고 탈놀이가 유기적으로 얽혀 있으며 이동형의 연행형태를 갖고 있다. 또한 벽사의 영수인 주지가 등장하고 양반층에 속하는 두 남성과 유녀형 인물이 삼각관계를 벌이는 점, 이 여성이 중과 관계를 맺고 제삼의 인물이 이를 방해하는 점도 공통적이다.

이처럼 비슷한 부분이 있지만 좀 더 살펴보면 다른 점도 적지 않다. 우선 주지놀음의 경우 하회에서는 싸움굿과 성행위굿 형식이 나타나고[27] 초랭이가 등장해 주지를 쫓아내지만, 청단놀음에서는 주지가 시종 협화하고 초랭이도 등장하지 않는다. 다음으로 중마당을 보면, 하회에서는 유녀형 인물인 부네가 중을 유혹하는 데 소극적이고 초랭이의 개입 역시 그러하다. 하지만 청단놀음에서는 쪽박광대의 유혹이 적극적이고 얼레방아가 중을 징치한 뒤 쪽박광대를 취하기까지 하는 적극성을 보여준다.

한편 무동의 경우 하회에서는 각시의 신성을 드러내는 수단으로 쓰이지만, 청단놀음에서는 무동놀음이 하나의 독립된 마당으로 설정되어 놀이판을 마무리하는 역할을 담당한다. 이밖에 하회에 등장하는 백정과 이매 등의 인물이 청단놀음에 등장하지 않고 지연광대가 등장하는 점, 하회에서 각시와 부네가 하는 역할을 청단놀음에서는 쪽박광대 홀로 수행한다는 점, 북놀음이 따로 있다는 점 등에서도 차이를 보여준다.[28]

넷째, 청단놀음은 독특한 탈을 갖고 있다. 주지판과 지연광대탈이다. 현전하거나 과거에 존재한 것으로 파악된 주지로는 경주와 함경도 그리고 하회별신굿탈놀이의 사례가 있다. 경주의 주지는 그 형상을 알 수 없지만 함경도의 주지는 붉은 종이와 개가죽 등으로 만든 탈을 쓰고 개가죽 저고리를 입는 것으로 주지를 형상화했다. 한편 하회에서는 포대형의

---

27 하회별신굿탈놀이의 주지마당에서 전개되는 주지의 싸움과 성행위 양상에 대해서는 박진태, 「하회별신굿탈놀이의 형성과 구조연구」, 고려대 박사학위논문, 1988, 36~40쪽을 참조하기 바람.
28 박진태는 청단의 쪽박광대가 하회의 각시에 비해서 더 세속화한 점, 청단의 주지판이 하회 주지탈의 일부분이 분화, 발전한 것이라는 점, 청단의 얼레방아가 하회의 초랭이에 비해 더 적극적으로 중을 공격한다는 점 등을 들어 청단놀음이 하회별신굿탈놀이의 영향을 받아 형성된 탈놀이라고 추정했다(앞의 글, 418~423쪽 참조). 수긍되는 바가 있지만 그 스스로 밝혔듯이 무언 탈놀이인 청단놀음이 화극(話劇)인 하회별신굿탈놀이에 비해 연극사적으로 앞선 형태라는 점, 청단놀음에서 주술·종교적인 주제가 더 강하게 부각되고 인물의 분화도 약하다는 점 등 달리 생각할 수 있는 부분도 적지 않기 때문에 선후관계를 판단하기 어렵다.

의상을 덮어쓴 광대가, 반달 모양의 목재에 두 눈을 그리고 그 위쪽에 꿩털을 꽂은 뒤 아래턱과 위턱을 분리해 서로 부딪히면 소리가 나게 만든 탈을 들고나와 주지를 형상화했다. 이에 비해 청단놀음에서는 포대형의 옷을 입고 괴기스러운 탈을 쓴 광대가, 반달형의 나무판에 꿩털을 꽂고 그 하단에 솜뭉치를 매단 주지판을 드는 것으로 주지를 형상화함으로써 보다 다채로운 모습을 보여준다.

한편 지연광대탈은 특이한 형상의 탈로서 그 가치를 인정할 만하다. 우리 탈놀이에서 키탈을 쓰는 다른 사례로는 통영오광대의 사자가 있다. 통영의 사자는 키의 세로 면을 활용해 이목구비와 갈기를 덧붙인 형태로서 겉으로 봐서는 그 재료가 키인지 확인하기 어렵다.[29] 이에 비해서 청단놀음의 지연광대탈은, 키의 형태와 질감을 그대로 살려 제작함으로써 누가 봐도 그 재료가 키임을 알 수 있다. 또한 광대가 탈을 착용하는 데 그치지 않고, 탈을 들고 움직이며 다양한 춤사위를 구현한다는 점에서 유례를 찾아보기 어렵다.

다섯째, 청단놀음의 춤은 전형적인 덧배기춤사위를 바탕으로 한다. 주로 굿거리장단에 맞추어 추는 춤은 단순하고 소박하며 힘이 있다. 특히 커다란 주지판을 든 주지의 대무는 역동적인 굴신과 발동작이 돋보이며, 지연광대의 집단무는 활기찬 도약과 균형 잡힌 대형, 탈을 이용한 인상적인 표정 연출이 돋보이는 춤이라고 할 수 있다.

---

29 전경욱, 『한국의 탈』, 한국문화재보호재단, 1996, 137쪽.

참고문헌

1. 자료

『醴泉郡斥邪錄』
「藝術的 薰香 가득한 醴泉의 "靑丹노리"」,『동아일보』, 1938.01.05.
「醴泉署落成式」,『경성일보』, 1936.11.19.

2. 단행본

이훈상,「향리집단과 의례화된 반란으로서의 탈춤 연행」,『조선후기의 향리』, 일조각, 1998.
전경욱,『북청사자놀음교본』, 북청사자놀음보존회, 1996.5.
전경욱,『한국의 탈』, 한국문화재보호재단, 1996.
정상박,『오광대와 들놀음 연구』, 집문당, 1986.
최남선,『조선상식문답속편』, 동명사, 1947.
한양명,「예천청단놀음 - 사랑과 벽사, 야성의 탈놀이」, 민속원, 2004.
한양명,「조선시대 고을축제의 성격과 전승집단」,『조선 후기 민속문화의 주체』, 집문당, 2004.
황철산,『함경북도 북부산간부락(재가승부락)의 문화와 풍습』, 과학원출판사, 1960.

3. 논문

강원희,「예천청단놀음」,『향토문화』14집, 향토문화연구회, 1999.
박진태,「하회별신굿탈놀이의 형성과 구조연구」, 고려대 박사학위논문, 1988.
박진태,「예천청단놀음의 대립구조와 지역성」,『구비문학연구』제18호, 구비문학연구, 2004.
서종문,「말뚝이형 인물 형성에 대하여」, 진주탈춤학예굿발표논문, 2003. 5. 22, 미간.
신영우,「1894년 영남 예천의 농민군과 보수집강소」,『동박학지』44, 연세대국학연구원, 1984.
유한상,「하회별신가면극대사」,『국어국문학』20호, 국어국문학회, 1959.
이재완,「예천청단놀음의 재현과 문화재 지정 과정 - 마당 순서와 명칭, 탈, 소품, 대사를 중심으로 -」,『비교민속학』77,
    비교민속학회, 2023.
임재해,「탈춤에 형상화된 성의 민중적 인식과 변혁적 성격」,『한국문화인류학』29집 2호, 한국문화인류학회, 1996.
정형호,「한국 가면극의 유형과 전승원리 연구」, 중앙대학교 박사학위논문, 1995.
한양명,「향촌민의 풍수지리적 공간인식과 대응방식」,『안동문화』14집, 안동대안동문화연구소, 1994.
한양명,「민속예술을 통해본 신명풀이의 존재양상과 성격」,『비교민속학』22집, 비교민속학, 2002.

통명 모심는 소리의 형성과 농요의 권역적 의미

강재욱
고려대학교 민속학연구소 연구원

통명 모심는 소리의 형성과
농요의 권역적 의미

1. 서론

경상북도 지역의 모심는 소리는 '정자소리'가 고르게 분포한 지역이다. '정자소리'가 영남지역의 대부분에 고르게 분포할 수 있게 된 데는 낙동강의 물길이 한 몫을 했다. 강은 본래 물과 농지를 아울러 확보하게 하여 논농사에 적합한 환경을 제공할 뿐만 아니라, 물산과 문화의 교류가 가능하도록 해주는 소통로서도 기능한다. 그러므로 낙동강과 그 지맥이 산지가 많은 이 지역에 논농사를 가능하게 해주며, 또한 '정자소리'의 파급을 보다 용이하게 했을 것이다.[1] 그런데 예천의 경우 '정자소리'를 받아들이지 않고, '아부레이수나'가 독자적으로 전승되고 있어 매우 특이하다고 할 수 있다. 지금까지 이에 대한 논의가 구체적으로 진행되지 않아 검토가 필요한 상황이다.

'아부레이수나'는 메기고 받는 소리가 있는 선후창 방식이다. '정자소리'가 후렴이 없는 노래로 교환창 또는 윤창으로 부른다는 점에서 근본적인 차이가 있다. 오히려 '아부레이수나'는 논매는 소리인 '에웨기소리'의 영향을 받은 것으로 보인다. 뒷소리패의 받는 소리가 메기는 소리와 겹치며 마치 두 소리가 화음을 이루는 듯한 효과를 내는 특성은 논매는 소리

---

1 강등학, 『한국민요의 존재국면과 민요학의 문제의식』, 민속원, 2017, 23쪽.

인 '에웨기소리'의 특징과 동일하다. 또한 두 악곡은 음악적 구성과 형식이 매우 유사하다는 공통점도 있다.

본고에서는 먼저 예천 통명농요의 전반적인 구성과 내용을 살펴보고, 통명 모심는 소리의 형성 및 지역적 위상에 대해 알아보고자 한다. 마지막으로 '아부레이수나'와 '에웨기소리'를 음악적으로 비교 분석하여, 모심는 소리인 '아부레이수나'의 정체성과 독자성을 구체적으로 파악하고자 한다.

2. 예천 통명농요의 구성 및 내용

예천은 지리적으로 낙동강 유역 분지인 경상북도 북서부에 위치한 내륙지역으로 동쪽으로 영주시와 안동시에 잇닿아 있으며, 남쪽으로 의성군과 상주시, 서쪽으로 문경시, 북쪽으로 단양군과 경계를 이루고 있다.[2] 예천통명농요는 경북 예천군 예천읍 통명리에서 전승되는 민요이다.

예천읍醴泉邑은 예천군의 소재지로서 1914년 전까지는 읍내사부라 하여 동・서・남・북의 4개 읍내면으로 나누었는데, 군청이 북쪽이 되므로 북읍내면이라 하여 노상路上, 노하路下, 백전栢田, 용산龍山, 효동曉洞, 나평羅坪, 생천生川, 정산鼎山, 구산九山의 9개 동을 관할하다가, 1914년 4월 1일 군면 폐합에 따라 동읍내면의 갈두, 응동, 광천, 우계, 본동, 원동, 통명 7개 동 전역과 남읍내면의 본동, 청복, 왕상, 신기의 4개 동과 서읍내면의 대모, 흘증, 홍심, 지내, 석정의 5개 동과 승도면의 본동, 고평동 일부, 개포면의 상리 일부와 신당면의 하리 일부를 병합하여 예천면이라 해서 노상, 노하, 백전, 용산, 생천, 갈구, 우계, 동본, 통명, 남본, 청복, 왕신, 서본, 대심, 지내, 석정의 16개 동으로 개편 관할하였다. 1937년 7월 1일

---

2   예천군, 『예천지역전통문화유산』, 민속원, 2011, 23쪽.

통명농요

예천읍으로 승격되고, 1973년 7월 1일 대통령령(제6542호)에 의하여 개포면의 상동을 1983년 보문면 고평동을 편입시켜 18개 동이 되었으며, 1988년 5월 11일 동洞이 리里로 개칭되었다. 동쪽은 보문면, 남쪽은 호명면과 개포면, 서쪽은 유천면과 용문면, 북쪽은 용문면과 감천면에 경계를 두고 있다.³

예천읍의 남쪽에는 소백산맥과 같은 주향으로 낙동강의 지류인 내성천이 예천군을 종단하며 서류하여 낙동강에 합류한다. 낙동강은 안동시를 벗어나 의성군의 북서쪽 경계를 지

---

3   예천군지 편찬위원회, 『醴泉郡誌 중권 - 예천의 문화재』, 예천군, 2005, 9쪽.

나서 예천군의 서단에 위치하는 풍양면과 지보면 사이를 통과한다.[4] 통명리는 본래 예천군 동읍면의 지역으로서 조선시대 때 통명역이 있었으므로 통명역 또는 역마, 역촌이라 했는데 이것을 줄여서 통명이라 했으며, 1914년 행정구역 폐합에 따라 원동 일부와 승도면의 본동, 고평동의 각 일부를 병합하여 통명동(리)이라 해서 예천면(읍)에 편입되었다.[5]

통명농요가 전승되고 있는 통명마을은 경상북도 안동과 점촌, 영주가 그리는 삼각형의 가운데에 위치하는 예천군 예천읍에 속하며, 예천읍 소재지에서 4㎞ 떨어진 곳으로, 외곽 마을 노티기, 웃통명, 동쪽마을, 골마을, 함기골, 땅골 등 6개 자연부락이 합쳐진 농촌마을이다.[6] 통명농요는 1979년 제20회 전국민속예술경연대회에서 대통령상을 수상하며 지역 주민들의 큰 관심을 얻었고, 이후 다수의 동민들이 자발적으로 연습실에 찾아 농요 재현과 전승을 위해 노력했다고 한다. 이후 1985년 11월에 중요무형문화재 제84호 농요로 지정되었다. 현재 보존회는 예능보유자 2명, 전승 교육자 3명, 이수자 18명, 전수 교육생 8명으로 구성되어 활동하고 있다.

현재 전승되고 있는 통명농요는 총 8개로 구성된다. 모내는 소리인 '아부레이수나', 모를 심고 논에서 나오면서 부르는 '도움소', 논매는 소리인 '애벌매기(에웨기소리)', '상사소리', '방아소리', 논을 매고 나오면서 부르는 '에이용소리', 집으로 복귀하면서 부르는 '캥마쿵쿵노세', 타작하면서 부르는 '옹헤야소리'로 구성된다. 다수의 노래는 논농사의 노동과정 전반에 해당하는 내용이다. 이밖에 일을 마치고 논에서 나오거나, 집으로 돌아오면서 부르는 소리도 존재한다.

---

4 예천군지 편찬위원회, 『醴泉郡誌 상권 - 예천의 문화재』, 예천군, 2005, 12쪽.
5 예천군지 편찬위원회, 앞의 책, 18쪽.
6 노티기는 놋티기, 노트기, 뇌택(雷澤)이라고 불렸는데, 옛 승도면의 본동이며, 옛날부터 경우 바른 사람들이 먹줄로 튕긴 듯이 곧고 바르게 살아가던 마을이므로 노티기라고 하며 보문면 승본동을 아릇노티기라고 한다. 웃통명은 웃마, 갓골, 상통명(上通明)이라 불림, 땅골은 당골, 당곡(堂谷)이라고 불렸다. 땅골은 갓골 북쪽에 있는 마을이며, 윤씨가 많이 살았다고 한다.(예천군지 편찬위원회, 앞의 책, 18쪽; 강원희, 『예천통명농요』, 문예사, 1992, 226쪽)

이어서 좀 더 구체적인 노래의 구성과 내용을 살펴보기로 한다. 먼저 통명농요의 모내기 관련 소리는 두 종류이다. 모내기 소리인 '아부레이수나'는 예천의 대표적인 모심는 소리로서 긴 사설을 바탕으로 전개된다. 통명농요의 모심는 소리는 교환창이 아니라 앞소리꾼이 앞소리를 메기면 대부분의 일꾼들이 뒷소리 '아부레이수나'를 받는 선후창방식이다.

> 아부레이 수나
> 아부레이 수나, 이이도어이 수여
> 에헤 한 톨 종자 싹이 나서 만 곱쟁이 열매맺는 신기로운 이 농사는 하늘땅에 조화로다
> 아부레이 수나, 이이도어이 수여
> 에헤에 우리하고 농부들요 가세가세 모숨구로 가세 짚도랭이 옆에 찌고 모를 숨구로 가세
> 아부레이 수나, 이이도어이 수여
> 에헤에 산중에 귀물은 머루야 다랜데 우리 농군 귀물은 우장이로구네이
> 아부레이 수나, 이이도어이 수여
> 에헤에 우리하고 농부들요 이내 말을 들어보소 사업공사 직업 중에 우리 농부가 제일이라
> 아부레이 수나, 이이도어이 수여
> 에헤에 우리하고 농부들요 나의 날을 들어보소 이 논배니 모를 숭거 장잎이 월월 나오도록 합시데이
> 아부레이 수나, 이이도어이 수여
> 에헤에 우리하고 농군들요 한 줄 심고 두 줄 심으니 중간 참이 늦어가네 얼른심고 참 먹으러 나가세
> 아부레이 수나, 이이도어이 수여
> 에헤에 이 논배미 저 논배이 숭구고나니 담배 참이 다가오네 얼른 하고 담배 피우로 나가세
> 아부레이 수나, 이이도어이 수여
> 에헤에 우리하고 농부들요 늦어가네 늦어가네 점심참이 늦어간데이

아부레이 수나, 이이도어이 수여
에헤에 동해동산 솟는 해는 만일에 솟아온데이
아부레이 수나, 이이도어이 수여
에헤에 동해동산 돋는 해는 일락서산 넘어가고 월출동녘에 달이 떠서 온데이
아부레이 수나, 이이도어이 수여
에헤에 달아달아 밝은 달아 이태백이 놀던 달아 저기 저 달 속에 계수나무 박혔으니
아부레이 수나, 이이도어이 수여
에헤에 저기 가는 저 할무요 딸이나 있거든 사우나 보소 딸이 있어도 나이 어려 못보겠데이
아부레이 수나, 이이도어이 수여
에헤에 여보여보 그말 마소 참새가 적어도 알을 낳고 제비가 적어도 강남을 가요
아부레이 수나, 이이도어이 수여
에헤에 세상천지 못할 일은 남의 집 종사로다 먹고 새면 일만하니 생짜증만 나네
아부레이 수나, 이이도어이 수여
에헤에 산천에 초목은 나날이 젊어오는데 우리네 농군님은 나날이 늙어만 가네
아부레이 수나, 이이도어이 수여
에헤에 새끼야 백발은 쓸 곳이 있건마는 사람의 백발은 쓸곳이 전혀 없데이
아부레이 수나, 이이도어이 수여
에헤에 이팔청춘 소년들아 백발보고 웃지 말레이
아부레이 수나, 이이도어이 수여
에헤에 어화청춘 소년들아 옥빈홍안 자랑마라 무정세월 가는 광윤 넌들 매양 젊을소냐
아부레이 수나, 이이도어이 수여
에헤에 일년에 열 두 달 남의 집 살아서 다랜 발린 곰방주우 생짜증만 나네
아부레이 수나, 이이도어이 수여
에헤에 산차지 들차지는 총독부의 차지이고 우리 농군의 차지는 일차지 뿐이로다

아부레이 수나, 이이도어이 수여

에헤에 콩밭에 원수는야 비둘기놈이 원수이고 우리 농군님 원수는 흉년이 대천지 원수로구네이

아부레이 수나, 이이도어이 수여

에헤에 산중에 귀물은 머루야 다랸데 우리농군 귀물은 우장이로구네이

아부레이 수나, 이이도어이 수여

에헤에 요번마디 요래 하고 훗번 마디는 도움소로 하여 보세

아부레이 수나, 이이도어이 수여

'아부레이수나'[7]는 모내기 일꾼들이 모내기를 위해서 논에 들어서면서부터 모내기를 마칠 때까지 부른다. 줄모를 심지 않고, 벌모를 심을 때 '아부레이' 하면 안쪽으로 모이고, '수나이' 하면 바깥쪽으로 흩어졌다고 한다.

통명마을에서는 올모심기를 망종芒種심기라 하여 음력 6월 5일을 전후해서 모심기를 한다. 그리고 늦모심기는 하지夏至 무렵에 하는데 이때는 시기적으로 모내기철이 끝나가는 무렵이라 '손에 들고 있는 모가 논에 꽂혀 있는 모보다 더 빨리 자란다'라고 할 정도로 시간을 다투는 때이다. 따라서 모내기 손놀림이 올모심기 때보다 빨라진다.

올모심기는 느긋해서 여유를 가지면서 모내기소리를 부르나, 늦모심기를 할 때는 '콧등에 땀이 나도록' 일을 해야 하는 까닭에, 모내기소리를 할 시간적·정신적 여유가 없다. 모내기 방식도 이때는 '송아지 따기'라고 한다. '송아지 따기'는 산골 논이나 논의 모양이 반듯하지 못해서 못줄을 대고 모내기할 형편이 안 되는 논에 모를 심는 방식이다. 한 사람이

---

[7] '아부레이수나'는 '아부레이'와 '수나이'가 합쳐진 말이다. '아부레이'는 '합친다', '모인다', '서로 만난다'는 뜻을 가진 말이다. 아부랑 세이, 어부레이 수나, 어부랑 세이, 오부레이 수나, 오부랑 세이로 말을 하며 이 뜻은 하나가 아닌 둘, 쌍(雙)을 말하는 것이다. 둘이서 만남, 흩어진 것이 합친 상태를 가리키는 말이다.(강원희, 위의 책 참조)

논둑을 따라서 한 줄을 심어나가면 다른 사람들이 차례로 그 뒤를 따라가며 꼬리를 물고 한 줄씩 심어 가는 방법이다. 모를 좌우로 반듯하게 줄지어 심는 데는 문제가 있지만, 노동 능률은 아주 높다. 이른바 벌모 심기의 장점이 발휘되지만, 모내기소리를 부를 상황은 아니다. 그러므로 산골 논에서 '송아지 따기'처럼 몇 사람씩 급격하게 벌모를 심는 경우가 아니면, '아부레이수나'를 부르게 된다.[8] 모심는 소리에서 독특한 점은 '꼴두'의 존재이다. 앞소리꾼 외에 '꼴두'라고 하는 일꾼이 있어서 앞소리꾼이 사설을 메기다가 막히면, 이를 보조하여 메워 주는 구실을 한다.

'도움소'는 모내기를 마치면서 부르는 노래이다. 모심기를 마치고 논둑으로 나오면서 부르는 노래이므로 일을 끝낸 홀가분한 기분으로 손뼉을 치고 어깨춤도 추어가며 경쾌하게 부르는 노래이다.

> 도움소 도움소 에헤루화 도움소
> 도움소 도움소 에헤루화 도움소
> 도움소 소리 나거들랑 에헤루화 도움소
> 도움소 도움소 에헤루화 도움소
> 먼데 사람 듣기 좋게 에헤루화 도움소
> 도움소 도움소 에헤루화 도움소
> 용(榕)에 사람 보기 좋게 에헤루화 도움소
> 도움소 도움소 에헤루화 도움소
> 이만하고 들고 가세 에헤루화 도움소
> 도움소 도움소 에헤루화 도움소
> 대궐 같은 집을 두고 에헤루화 도움소

---

8   강원희, 위의 책, 139쪽.

도움소 도움소 에헤루화 도움소
북망산천 나는 간다 에헤루화 도움소
도움소 도움소 에헤루화 도움소
도움소 도움소 에헤루화 도움소

'도움소'의 뜻에는 돕세(돕자)의 상부상조 정신을 나타내는 말로 해석하기도 하지만, 현지 농민들은 심어 놓은 모가 빨리 자라라는 '더움터'의 뜻이 정확하다고 한다.[9] 모심기 이후 본격적인 논매기 작업이 시작된다. 논매기는 보통 모를 심은 지 3주 정도 이후에 진행한다. 통명마을은 애벌매기, 두벌매기, 세벌매기까지 한다.

애벌매기는 호미로 논바닥을 파 엎어가며 땅의 공기 유통과 잡초 제거를 하는 일이다. 두벌, 세벌매기는 호미를 사용하지 않고, 손으로만 잡초 제거에 노력한다. 또한 늦모심기를 한 논은 '아침 논매기'라 하여 새벽부터 아침 식사 시간까지 논매기를 하게 된다. 이는 무더위를 피하자는 목적과 '아침 식전에 한 일이 한나절 할 일을 한다'고 하며 부지런함을 보이기도 한다. 애벌매기는 일의 성격상 매우 힘이 들고, 호미를 들고 있는 관계로 노래가 별로 흥겹지 않다.[10]

아 에헬 헤헤이
에에 에이 이요하 에이 아에헤이 아우 후야 이후후후
어 에헹 헤헤이
태산 우에 노는 구름 남산봉에 비가 되니
꽃은 피어 단장하고 옥은 다시 모냥 내네

---

9 강원희, 위의 책, 218쪽.
10 강원희, 위의 책, 141쪽.

아헹 에헤이
에에 에이 이요하 에이 아에헤이 아우 후야 이후후후
어 에헹 헤헤이
우리 하고 농군들요 이내 말을 들어보소
사노공상 직업 중에 우리 농군이 제일이로되
하헹 헤헤이
에에 에이 이요하 아차 깜짝잊었구나 에이 아에헤이 아우 후야 이후후후
에 에헹 헤헤이
의사마다 병 곤치면 북방산천 왜 생기노
사람마다 선비되면 농군될 사람 누기 있노
아헹 헤헤이
에히 에이 이요하 이팔청춘 소년들아 에에 아에헤이 이우 후야 이후후야
에 에헹 헤에이
요번 마디 오래하고
훗번 마디는 긴상사로이 하여보세
아헹 에헤이
에에 에이 이요하 명사십리 해당화야 아에헤이 이우 후야 이후후후
에헤에헤 잘하신다
우리 농부 잘하신다
논도 잘 매시고 노래도 참 잘하신데이
아에헤엥 헤에
에헤 에헤이요 아헤이 아에헤 아에이 이팔청춘 소녀들아 이헤 아헤 어찌구야 이후후
에헤에헤 오늘날
이 논배이 누구누구 모였는고

일등농군 다 모였구나
아에헤헹 헤에
에헤 에헤이요 아헤이 아에헤 아기 어찌구야 이후후
에헤 요번마디는 요래하고
훗번마디는 긴상사로 하여 보세
아에 헤헹 헤에
에헤 에헤이요 아에이 저건너 심초건네 저 지방아 에헤 아헤 에어 어찌구야 이히히 이후후
아에헤헹 헤에
오늘날 이 논배미 누구누구 모였는고
우리 마실 일등 농군님이 다 모였구나
아행 에헤이
에헤 에이 이요하 에이 아에헤이 아우 후야 이후후후
아에헤헹 헤에
메뚜기 땅데미는 오뉴월이 한 철이요
우리야 농군들은 이때가 한 철이로구네이
아행 에헤이
에에 에이 이요하 에이 아에헤이 아우 후야 이후후후
아에헤헹 헤에
잘 하신다 잘 하신다 우리 농군 잘 하신다
논도 발쑥 잘 매시고 노래도 참 잘 하네이
아행 에헤이
에에 에이 이요하에이 아에헤이 아우 후야 이후후후
아에헤헹 헤에
의원마다 병 고치면 북망산천 왜 생기고

사람마다 선비되면 농사지을 사람 누구인고
아행 에헤이
에에 에이 이요하 에이 아에헤이 아우 후야 이후후후
아에헤헹 헤에
새야 새야 파랑새야 녹디낭게 앉지마라
녹디꽃이 떨어지면 청포장개 울고간데이
아행 에헤이
에에 에이 이요하 에이 아에헤이 아우 후야 이후후후
아에헤헹 헤에
열었든가 열었든가 광대열매 열었는가
광대열매 꺾어다가 우리 시누 시집갈 때 가매 기슭에 꼽아주세나
아행 에헤이
아에 에이 이요하 에이 아에헤이 아우 후야 이후후후
아에헤헹 헤에
천지가 개벽후에 일월이 생겼구나
초목곤충 생겼을 때 만물이 번성할제 사람이 제일이라
아행 에헤이
에에 에이 이요하 에이 아에헤이 아우 후야 이후후후
아에헤헹 헤에
천황씨 지황씨가 오곡을 마련할 때
농부는 밭을 갈고 신농씨는 씨를 뿌려 오곡이 풍작이라
아행 에헤이
에에 에이 이요하 에이 아에헤이 아우 후야 이후후후
아에헤헹 헤에

우리하고 농부들요 나의 말을 들어보소
교민화식 하온 후에 농사밖에 또 있는가
아행 에헤이
에에 에이 이요하 에이 아에헤이 아우 후야 이후후후
아에헤헹 헤에
태산우에 노는 구름 남산봉에 비가 되니
꽃은 피어 단장하고 옥은 다시 모양낸데이
아행 에헤이
에에 에이 이요하 에이 아에헤이 아우 후야 이후후후
아에헤헹 헤에
앵두같이 붉은 사랑 눈과 같이 맑은 사랑
낮에 보만 해와 같고 밤에 보만 달과 같데이
아행 에헤이
에에 에이 이요하 에이 아에헤이 아우 후야 이후후후
아에헤헹 헤에
후원에 단풍나무 봄빛을 조롱하니
봄 여자 가을 남자 이때를 이루니라
아행 에헤이
에에 에이 이요하 에이 아에헤이 아우 후야 이후후후
아에헤헹 헤에
한 줄 매고 두 줄 매니 중간참이 늦어가네
농군님들 얼른 매고 참 먹으러 나가세
아행 에헤이
에에 에이 이요하 에이 아에헤이 아우 후야 이후후후

아에헤헹 헤에

명사십리 해당화야 꽃 진다고 설어마라

명년 삼월 돌아오면 너는 또 다시 피나리라

아헹 에헤이

에에 에이 이요하 에이 아에헤이 아우 후야 이후후후

아에헤헹 헤에

목마르면 술을 주고 배고프만 밥을 주니

우리 농군님 거울알 같이 말씀하게 잘 매여보세

아헹 에헤이

에에 에이 이요하 에이 아에헤이 아우 후야 이후후후

아에헤헹 헤에

오리하고 농군들요 오늘은야 이 논배미에서 놀고

내일은야 또 어느 논배미에서 놀아볼까

아헹 에헤이

에에 에이 이요하 에이 아에헤이 아우 후야 이후후후

애벌매기에서 앞소리를 메기는 가운데 앞소리꾼 외에 '꼴두'라고 하는 일꾼이 있어서 앞소리꾼이 사설을 메기다가 막히면, 이를 보조하여 메워 주는 구실을 한다. 꼴두가 하는 앞소리는 몇 가지로 한정되어 있다. '아차 깜짝 잊었구나' 외에 '이팔 청춘 소년들아' 또는 '명사십리 해당화야' 등이 있다. 다음은 '상사소리'이다. '상사소리'는 경상북도 전 지역에 넓게 분포하고 있다.[11]

---

11 경상북도 논매는 소리 중에 그 분포가 다른 것보다 넓은 것은 '에웨기소리', '잘도한다소리', '옹헤야소리', '상사소리', '방아소리' 등 5종이다.(강등학, 『한국민요의 존재국면과 민요학의 문제의식』, 민속원, 2017, 41쪽)

헤이 오호이 상사디요.
에헤이 아헤 오호이 상사디요
상사소리가 나거들랑
에헤이 아헤 오호이 상사디요
상사소리에 긴상사레이
에헤이 아헤 오호이 상사디요
상사소리에 올라가며 놀고사네
에헤이 아헤 오호이 상사디요
이 논들에이 늙고 사네
에헤이 아헤 오호이 상사디요
훗번 마디는 달리하세
에헤이 아헤 오호이 상사디요
상사소리도이 고만하고이
에헤이 아헤 오호이 상사디요
에헤이 아헤 오호이 상사디요

'상사소리'는 음이 매우 높은 관계로 가창시에 어려움이 있어, 몇 마디를 부른 후 곧 '방아소리'로 넘어간다. '방아소리'는 논매기를 마치고 모를 세우면서 부르는 노래이다. 논매는 소리는 선소리의 끝에 뒷소리의 일부분이 불려지는 것과 선소리가 끝이 날 때 뒷소리가 이어지는 부분이 단락 지지 않고, 두 소리가 한데 어울려서 나오는 것이 특징이다.[12]

---

12 MBC편, 『한국민요대전 - 경상북도 편』, MBC, 1995, 508쪽.

오호라 방해야
오호라 방해야
이 방아가 뉘 방아고
오호라 방해야
강태공의 조작방해
오호라 방해야
여주 이천 자차방하
오호라 방해야
개편방하 수수방하
오호라 방해야
장터골에 첩을 두고
오호라 방해야
첩의 집에 놀러가세
오호라 방해야
첩의 집에 놀러가니
오호라 방해야
첩은 이미 잠이 들고
오호라 방해야
나 오는 줄 모르는고
오호라 방해야
쿵덕쿵덕 찧어보세
오호라 방해야
우리농군 잘 하신다
오호라 방해야

설날 명절에 흰떡방아
오호라 방해야
추석 한가위 송편방아
오호라 방해야
쿵덕쿵덕 찧어보세
오호라 방해야
목이말라 모하는가
오호라 방해야
榕에 사람 보기 좋게
오호라 방해야
먼데사람 듣기 좋게
오호라 방해야
먼데사람 듣기 좋게
오호라 방해야
배고프면 밥을 주네
오호라 방해야
요번마디 요래하고
오호라 방해야
훗번 마디는 또 달리하세
오호라 방해야
방해소리도이 고만하세
오호라 방해야

'방아소리'는 '상사소리'와 마찬가지로 경북지역에 넓게 분포하고 있는 노래이다. 다음은 '에이용소리'이다. '에이용소리'는 논에서 논둑을 지나 논 밖으로 나오면서 부르는 노래이다. '에이용소리'는 전국적으로 경북지역에만 존재하고, 예천을 포함한 문경과 영주에 분포한다.

    에이용
    에이용
    에이용 소리
    에이용
    나거들랑
    에이용
    한마딜랑
    에이용
    높이하고
    에이용
    또한마디는
    에이용
    낮게 하고
    에이용
    둥글둥글
    에이용
    수박땀으로
    에이용
    몽글몽글

에이용
호박땀이
에이용
상투가 까딱
에이용
어깨가 질쑥
에이용
허리가 굽실
에이용
불알이 덜렁
에이용
오금이 조착
에이용
에이용 소리
에이용
나거들랑
에이용
삼시 마디로
에이용
들고나세
에이용
에이용

농군들은 김매기를 마치고 한결 가벼운 마음으로 '에이용소리'를 부른다. 노래를 곁들이며 쓰러진 벼도 세우고 춤도 추며, 허튼 걸음으로 논을 나온다.[13] '캥마쿵쿵노세'는 모든 작업을 마치고 집으로 돌아오면서 부르는 노래이다.

> 노세 노세 캥마쿵쿵 노세
> 노세 노세 캥마쿵쿵 노세
> 노자 노자 젊어 노자
> 노세 노세 캥마쿵쿵 노세
> 우리가 놀면 얼매나 노나 캥마쿵쿵 노세
> 노세 노세 캥마쿵쿵 노세
> 아차 한 번 늙어지면 캥마쿵쿵 노세
> 노세 노세 캥마쿵쿵 노세
> 다시 젊지는 못하는데 캥마쿵쿵 노세
> 노세 노세 캥마쿵쿵 노세
> 나의 소리 적다 말고 캥마쿵쿵 노세
> 노세 노세 캥마쿵쿵 노세
> 뒷소리나 울려 주소 캥마쿵쿵 노세
> 노세 노세 캥마쿵쿵 노세
> 요렇게 놀다가 논 팔것네 캥마쿵쿵 노세
> 노세 노세 캥마쿵쿵 노세
> 논 팔아서 밭 사지요 캥마쿵쿵 노세
> 노세 노세 캥마쿵쿵 노세

---

13 강원희, 앞의 책, 79, 210쪽

당나구 팔아 노세를 사세 캥마쿵쿵 노세
노세 노세 캥마쿵쿵 노세
노세 팔아 할망구 사서 캥마쿵쿵 노세
노세 노세 캥마쿵쿵 노세
산천 경지 놀러 가세 캥마쿵쿵 노세
노세 노세 캥마쿵쿵 노세
어화 청춘 소년들아 캥마쿵쿵 노세
노세 노세 캥마쿵쿵 노세
이내 말을 들어보소 캥마쿵쿵 노세
노세 노세 캥마쿵쿵 노세
낙랑장송 고목되면 캥마쿵쿵 노세
노세 노세 캥마쿵쿵 노세
누먼 새도 돌아간데이 캥마쿵쿵 노세
노세 노세 캥마쿵쿵 노세
좋은 음식 시어지니 캥마쿵쿵 노세
노세 노세 캥마쿵쿵 노세
여물밖에 더 되는가 캥마쿵쿵 노세
노세 노세 캥마쿵쿵 노세
좋은 옷도 떨어지니 캥마쿵쿵 노세
노세 노세 캥마쿵쿵 노세
행주밖에 더되는가 캥마쿵쿵 노세
노세 노세 캥마쿵쿵 노세
좋은 꽃도 시들어지니 캥마쿵쿵 노세
노세 노세 캥마쿵쿵 노세

볼품없이 되었구나 캥마쿵쿵 노세

노세 노세 캥마쿵쿵 노세

가이없는 우리농부 캥마쿵쿵 노세

노세 노세 캥마쿵쿵 노세

그지없이 되었구나 캥마쿵쿵 노세

노세 노세 캥마쿵쿵 노세

고생하던 우리 농부 캥마쿵쿵 노세

노세 노세 캥마쿵쿵 노세

구차하기 짝이 없네 캥마쿵쿵 노세

노세 노세 캥마쿵쿵 노세

날아가는 원앙새야 캥마쿵쿵 노세

노세 노세 캥마쿵쿵 노세

너와 나의 짝을 짓자 캥마쿵쿵 노세

노세 노세 캥마쿵쿵 노세

우리하고 개작네요 캥마쿵쿵 노세

노세 노세 캥마쿵쿵 노세

나의 말을 들어보소 캥마쿵쿵 노세

노세 노세 캥마쿵쿵 노세

우리하고 농부들요 캥마쿵쿵 노세

노세 노세 캥마쿵쿵 노세

우렁차게 놀아보세 캥마쿵쿵 노세

노세 노세 캥마쿵쿵 노세

노세 소리도 고만 하세 캥마쿵쿵 노세

노세 노세 캥마쿵쿵 노세

고만하고 좌정들하세 캥마쿵쿵 노세
노세 노세 캥마쿵쿵 노세
노세 노세 캥마쿵쿵 노세

농군들은 일을 마친 후 홀가분한 기분으로 '캥마쿵쿵노세'를 가창한다. 손발을 씻고 옷을 입은 후 도랭이를 걸치고 마을로 돌아오면서 부른다. 이때 일꾼 중에서 상머슴을 뽑아 삿갓을 거꾸로 씌우고 소를 돌려 태우고 풍물과 함께 노래를 부르며 집으로 간다.[14] 모든 인원들은 노래를 통해 힘들었던 노동 현장의 고됨을 해소한다.

마지막 노래는 '옹헤야소리'이다. '옹헤야소리'는 타작하며 부르는 소리로서 도리깨로 보리타작을 할 때 부른다.

어허라 봉헤야
어허라 봉헤야
쿵덕쿵덕 찧어보자
어허라 봉헤야
굵어든다 봉헤야
어허라 봉헤야
때리라 때리라 봉헤야
어허라 봉헤야
요리도 치고 조리도 치고
어허라 봉헤야
넘어간다 봉헤야

---

14 강원희, 위의 책, 82쪽.

어허라 봉헤야

나간다 봐라 봉헤야

어허라 봉헤야

잘도 친다 봉헤야

어허라 봉헤야

누구누구 다 모였노

어허라 봉헤야

일등군정이 다 모였구나

어허라 봉헤야

잘도 한다 봉헤야

어허라 봉헤야

행전 말기 반이라더라

어허라 봉헤야

그럭저럭 다해간다

어허라 봉헤야

닭이 운다 봉헤야

어허라 봉헤야

두 홰 울었네 봉헤야

어허라 봉헤야

새가 운다 봉헤야

어허라 봉헤야

국수먹고 봉헤야

어허라 봉헤야

해장도 하세 봉헤야

어허라 봉헤야

잘도 한다 봉헤야

어허라 봉헤야

날이 샌다 봉헤야

어허라 봉헤야

또 한잔 먹자 봉헤야

어허라 봉헤야

나락가래 봉헤야

어허라 봉헤야

한 치 두 치 봉헤야

어허라 봉헤야

잘 내리간다 봉헤야

어허라 봉헤야

우리야 제장네 봉헤야

어허라 봉헤야

잘도 친다 봉헤야

어허라 봉헤야

챗머리도 봉헤야

어허라 봉헤야

잘도 붓네 봉헤야

어허라 봉헤야

비질 조야 봉헤야

어허라 봉헤야

비질 해라 봉헤야

어허라 봉헤야
깍지질도 잘도 하네
어허라 봉헤야
챗가리도 봉헤야
어허라 봉헤야
잘 자진다 봉헤야
어허라 봉헤야
천석 만석 봉헤야
어허라 봉헤야
드는 두지 봉헤야
어허라 봉헤야
한 두지가 다 되었고
어허라 봉헤야
노적가래도 차려보세
어허라 봉헤야
한 잔 먹고 봉헤야
어허라 봉헤야
끌어붓세 봉헤야
어허라 봉헤야
저리 저어 봉헤야
어허라 봉헤야
끌어 옇네 봉헤야
어허라 봉헤야
한 섬 두 섬 봉헤야

어허라 봉헤야

사오십 석 봉헤야

어허라 봉헤야

되는구나 봉헤야

어허라 봉헤야

요만하고 봉헤야

어허라 봉헤야

고만하고 봉헤야

어허라 봉헤야

한 잔 먹고 봉헤야

어허라 봉헤야

쉬어보세 봉헤야

어허라 봉헤야

'옹헤야소리'는 경남, 충북, 전남의 일부 지역에 분포하고 있지만, 대부분 경북지역에 분포하고 있는 소리이다.[15] 타작은 주로 새벽녘이나 야간에 많이 했다고 하며, 챗돌에 하는 잘개타작이 끝나면 도리깨로 잔여분 타작으로 이어지게 되어 타작을 끝낸다.[16] 타작을 끝으로 힘든 농사일의 많은 부분이 종료된다.

통명농요는 모심기와 논매기, 타작소리까지 농사 과정 전반의 소리가 온전히 전승되고

---

15 '옹헤야소리'는 경북지역의 대표적인 논매는 소리로서 통속민요로 전환되어 유통되기도 했다. 유성기 음반으로 확인되지 않지만, 방송에서는 1937년 2월 13일 '보리타작소리'라는 이름으로 '옹헤야'가 송출된 바 있다.(강등학, 위의 책, 315쪽)

16 볏단이나 보릿단을 묶어서 챗돌이나 벼훑이에 두들겨 탈곡하는 것이 전통적인 방법인데, 통명에서는 이를 '잘개타작'이라고 한다.(MBC편, 앞의 책, 509쪽)

있다. 모심는 소리인 '아부레이수나'는 긴 사설을 선후창 방식으로 노래한다. '아부레이수나'의 독특한 점은 '꼴두'의 존재인데, 꼴두는 앞소리꾼이 사설을 메기다가 막히면, 이를 보조하여 메워 주는 역할을 한다. 모내기를 마치고 논둑으로 나오면서 부르는 '도움소', 논을 메고 다음 논으로 이동할 때 부르는 '에이용'과 같은 소리 역시 통명농요의 대표적인 특징이다. 일을 마치고 다른 현장으로 이동할 때도 소리꾼의 노래는 계속 진행된다. 하루의 고된 농사일을 마치고 기분 좋은 정서를 노래로 표현한 '캥마쿵쿵노세'는 농군들에게 힘을 주며 다음날의 노동을 준비하게 하는 노래이다.

통명농요는 농사의 모든 과정이 노래로 표현된다. 논에서 벌어지는 모내기와 논매기, 타작 등 실질적인 노동 관련 소리 외에도, 농군들이 모심기와 논매기를 마치고 다른 현장의 작업을 위해 이동할 때 부르는 소리, 하루의 모든 노동일을 마치고 집으로 기분 좋게 돌아오며 부르는 유희적 성격의 노래가 전승되고 있다는 점은 통명농요의 중요한 특징이다.

3. 통명 모심는 소리의 형성 및 지역적 위상

통명 모심는 소리인 '아부레이수나'는 논매는 소리인 '에웨기소리'의 영향을 받은 것으로 보인다. 음악적으로 두 곡은 매우 유사한 진행 방식과 동일한 가창 방식을 갖고 있고, 메나리토리의 사용이라는 보편적인 특성을 갖고 있다.

본 장에서는 먼저 예천 통명의 모심는 소리인 '아부레이수나'와 논매는 소리인 '에웨기소리'의 음악적 분석을 통하여 두 곡이 구체적으로 어떤 상관관계를 갖고 있는지 살펴보고자 한다.[17] 이어서 모심는 소리의 전반적인 분포 양상을 살펴보며, 전국의 판도를 이해하고자

---

17 분석 대상은 경북지역 전 지역을 고르게 조사한 『MBC 한국민요대전 - 경북편』의 음원 자료를 중심으로 직접 채보한 악곡을 분석하고자 한다.

한다. 모심는 소리의 전국적인 분포양상과 지역적 판도를 이해하는 작업은 주변 지역에서 존재하는 보편성과 해당 지역의 독자성을 모두 읽을 수 있고, 이를 통해 통명 모심는 소리의 지역적 위상을 파악할 수 있다. 이상의 분석을 바탕으로 통명 모심는 소리의 형성을 파악하고 아울러 지역적 위상을 가늠하고자 한다.

1) 예천 아부레이수나(모심는 소리)

'아부레이수나'는 예천군 예천읍 통명리의 모심는 소리이다. 가창 방식은 메기고 받는 선후창 방식이며 불규칙 박을 사용한다. 다음의 악보를 통해 좀 더 구체적인 음악적 특성을 살펴보고자 한다.

'아부레이수나'는 '미-솔-라-도′-레″'의 5음음계로 구성되며, 상행시 '미-라-도′-레′-미″'의 선율로 진행되며, 낮은 '미'는 요성이다. 하행에서는 '미′-레′-도′-라-솔-미'의 구조이며, '솔'은 경과음이다. 가창자는 메기는 소리에서 리듬을 잘게 쪼개며 사설을 붙이고, 낮은 '미'에서 높은 '미'음까지 활용하며 음역대를 넓게 활용한다. 받는 소리 역시 낮은 '미'에서 높은 '미'음까지 활용하는 특성을 보인다.

예천 아부레이 수나

채보 : 강재욱

2) 예천 에웨기소리(논매는 소리)

예천 '에웨기소리'는 예천군 예천읍 통명리의 애벌매기 소리이다. 가창 방식은 메기고 받는 선후창 방식이며 불규칙 박을 사용한다. 다음의 악보를 통해 좀 더 구체적인 음악적 특성을 살펴보고자 한다.

예천 '에웨기소리'는 '미-솔-라-도′-레″'의 5음음계로 구성되며, 상행시 '미-라-도′-레″'의 선율로 진행되며, '미'는 요성이다. 하행에서는 '미-′레″-도′-라-솔-미'의 구조를 갖는다. 이 때 '솔'은 경과음이다. 가창자는 낮은 '미'에서 높은 '미'음까지 음역대를 넓게 활용하며, 메기는 소리를 부른다. 가창자는 메기는 부분에서 높은 음역대를 강하게 질러 부르며, 사설의 내용을 강조하는 모습을 보인다. 종지음은 '라'음이다.

3) 영주 에웨기소리(논매는 소리)

영주 '에웨기소리'는 영주시 순흥읍 읍내리에서 조사되었다. 가창은 메기고 받는 선후창 방식이며 불규칙 박을 사용한다. 다음의 악보를 통해 좀 더 구체적인 음악적 특성을 살펴보고자 한다.

영주 '에웨기소리'는 '미-솔-라-도′-레″'의 5음음계로 구성된다. 상행시 '미-라-도″', '미-도″'의 선율로 진행하며, 이 때 낮은 '미'는 요성이다. 하행에서는 '레′-도′-라-솔-미'의 구조를 갖고 '솔'은 경과음이다. 상행시 메나리토리의 특성인 '미-라'의 완전4도, '라-도″'의 단3도 진행과 함께 나타나는 '미-도'의 진행은 이 곡의 독특한 점이다. 예천의 '아부레이수나'와 '에웨기소리'에 비해 음역을 넓게 활용하지 않지만, 메기는 소리를 리듬감 있게 노래하는 점은 예천의 악곡들과 동일한 방식이다.

예천 아이 논매기 소리

채보 : 강재욱

영주 논매기 소리

채보 : 강재욱

4) 봉화 에웨기소리(논매는 소리)

봉화 '에웨기소리'는 봉화군 상운면 가곡리 후평에서 조사된 소리이다. 가창은 메기고 받는 선후창 방식이며 불규칙 박을 사용한다. 다음의 악보를 통해 좀 더 구체적인 음악적 특성을 살펴보고자 한다.

봉화 '에웨기소리'는 '미-솔-라-도′-레″'의 5음음계로 구성된다. 상행시 '미-라-도″'의 선율로 진행되며, 하행은 '레′-도′-라-솔-미'의 구조를 갖는다. 받는 소리의 시작 부분은 '라-솔-미'의 하행과 '미-라'의 완전4도, '라-도″'의 단3도의 상행진행으로 진행된다. '라-솔-미'의 하행 진행에서 '솔'은 경과음으로 사용된다. 주목할 점은 메기는 소리에서 '레′-도″' 진행이 적극적으로 활용된다는 점이다. 가창자는 구체적인 사설을 메기면서 '레″'음을 힘껏 강조하며 부른다. 가창 중 자연스럽게 '레′-도″'진행으로 이어가며, '라-솔-미'로 하행한다. 가창자는 메기는 부분의 시작을 '레'로 질러 부르며 사설 내용을 강조하는 효과를 준다. 종지음인 '라'는 퇴성하는 특성이 있다.

이상으로 예천 모심는 소리인 '아부레이수나'와 예천, 영주, 봉화의 논매는 소리인 '에웨기소리'를 분석했다. 다음의 〈표 1〉은 음악적 내역을 정리한 내용이다.

〈표 1〉 '아부레이수나' 및 '에웨기소리'의 음악적 내역

악곡명	박자	출현음과 특징	종지음	가창방식
예천 아부레이수나	불규칙 박	미-솔-라-도′-레′, '미' 요성	솔	선후창
예천 에웨기소리	불규칙 박	미-솔-라-도′-레′, '미' 요성	라	선후창
영주 에웨기소리	불규칙 박	미-솔-라-도′-레′, '미' 요성	라	선후창
봉화 에웨기소리	불규칙 박	미-솔-라-도′-레′	라	선후창

봉화 논매기 소리

채보 : 강재욱

'아부레이수나'를 비롯해 예천, 영주, 봉화의 '에웨기소리'는 모두 선후창 방식으로 불규칙 박이다. 〈표 1〉의 악곡은 모두 '미-솔-라-도′-레″'의 기본 구성음을 갖고 있다. 그리고 전형적인 메나리토리의 특성인 '미-라'의 완전4도 진행과, '라-솔-미'의 하행 진행에서 '솔'이 경과음으로 사용되는 점 역시 이들 악곡의 공통점이다. 각 악곡의 좀 더 구체적인 음악적 특성을 정리하면 다음과 같다.

먼저 예천 '아부레이수나'는 상행시 '미-라-도′-레′-미″'의 선율로 진행되며, 낮은 '미'는 요성이다. 하행에서는 '미′-레′-도′-라-솔-미'로 진행하며 여기서 '솔'은 경과음의 역할을 한다. '아부레이수나'의 메기는 소리는 낮은 '미'에서 높은 '미'음까지 사용되며, 받는 소리 역시 동일하다. '아부레이수나'는 음역대를 넓게 활용하며, 메기는 소리가 리듬감 있게 진행된다는 점도 특징이다.

예천의 '에웨기소리'는 '아부레이수나'와 동일하게 낮은 '미'에서 높은 '미'음까지 음역대가 넓게 활용되는 특징이 있다. 가창자는 메기는 부분에서 높은 음역대를 강하게 질러 부르며, 사설의 내용을 강조하는 모습을 보인다. 음역대를 넓게 활용하고 메기는 소리에서 리듬감 있는 특징이 보인다는 점에서 두 곡은 매우 유사한 구조이다.

영주 '에웨기소리'는 전형적인 메나리토리의 특성인 '미-라'의 완전4도, '라-도″'의 단3도의 진행과 함께 나타나는 '미-도″'의 6도 진행이 독특하다. 예천의 '아부레이수나', '에웨기소리'와 동일하게 '미'를 요성하는 특성을 갖는다.

봉화 '에웨기소리'는 메기는 소리에서 '레′-도″' 진행이 적극적으로 활용된다는 점이 특징이다. 가창자는 구체적인 사설을 메기면서 '레″'음을 힘껏 강조하며 부른다. 예천의 '아부레이수나'와 '에웨기소리'가 메기는 소리에서 음역대를 '미″'음까지 넓게 활용했는데, 봉화의 '에웨기소리' 역시 '레″'음까지 음역을 넓혀 사용했다. 가창자가 음역을 '미″'음까지 활용하지 않지만, '레″'음을 힘껏 질러 부르며, 음역을 넓히는 느낌을 전달한다.

이상의 음악적 분석을 바탕으로 예천 '아부레이수나'와 '에웨기소리'는 메나리토리로서 매우 유사한 진행방식과 동일한 가창방식을 갖고 있음을 확인했다. '아부레이수나'는 영남

지역에 강한 세력을 구축하고, 독점적으로 분포한 정자소리의 영향을 받지 않았고, 북부지역인 예천, 영주, 봉화 등의 대표적인 논매는 소리인 '에웨기소리'에서 파생되어 현재까지 전승되고 있는 것으로 보인다.

이어서 모심는 소리의 분포 양상을 살펴보며, 전국적인 판도를 파악하고자 한다. 이 논의를 통해 주변 지역에 존재하는 모심는 소리의 보편성과 통명 모심는 소리의 독자성을 파악할 수 있다. 모심는 소리의 종류는 논매는 소리에 비해 월등히 적다. 모심는 소리는 전국적으로 최소 19종 이상 존재하고, 이 노래들은 서로 경쟁 관계에 있기도 하고 보완의 관계에도 있다. 이 가운데 전국적으로 파급력이 큰 4종의 노래는 '하나소리', '상사소리', '아라리', '정자소리'가 있다. 이 악곡은 각 지역에서 중심을 잡고 서로 대치하고 경쟁하면서 세력을 구축한다.

'하나소리'는 경기도 서부와 중앙의 평야지대가 주된 분포지이다. '하나소리'는 내부적으로 이곳에서 '열소리'와 '여기도하나심었구나소리' 등과 경쟁을 치르면서 이것들을 국지적 존재로 묶어놓고, 이어서 동쪽과 남쪽으로 그 영역을 확장해갔다. 그러나 '하나소리'의 영역확장은 동쪽으로는 '미나리'와 '아라리', 남쪽으로는 '상사소리'와 만나면서 이것들과 대립 국면을 형성하게 되었다.

'아라리'는 강원도에서 '미나리'와 대치 국면을 이루면서 분포한다. '아라리'와 '미나리'의 대치 국면은 지형과 맞물려 형성되어 있다. '미나리'는 광주산맥 남쪽과 태백산맥 서쪽에 위치하는 강원도 북서부 지역에 자리하면서 남진하였고, '아라리'는 태백산맥 동쪽 자락인 영동 북부지역에 강한 힘을 구축하면서 차령산맥이 전개되는 방향을 따라 서남쪽으로 뻗어나왔다. 이러한 과정에서 '미나리'는 홍천에 이르러 '아라리'를 만나 서로 경쟁하는 가운데 횡성과 원주의 소초면, 호저면까지 진출했다. 그리고 '아라리'는 홍천, 횡성, 원주의 북부에서 혼전을 치루면서 남진해 온 '미나리'의 힘을 약화시키고 원주에 강한 세력을 구축할 수 있었다.

'상사소리'는 전남에 거의 절대적인 세력을 구축하며, 북쪽으로 진출하여 전북과 충남에도 강한 세력을 구축했다. '상사소리'는 호남과 충남의 동부지역에서 '정자소리'와 길게 대치 국면을 형성하고 있다. 이것은 '정자소리'가 노령산맥, 소백산맥 등을 타고 서쪽으로 진출해 내려오지만, '상사소리'의 힘에 밀려 더 이상 나아가지 못하고, 또 '상사소리'는 역으로 동부의 산간지대로 밀고 내려온 '정자소리'의 힘에 밀려 동진하지 못하고 평야지대를 통해 길게 북진하면서 생겨난 국면이다. 따라서 두 노래의 대치 국면은 산간지대에서는 '정자소리'가, 그리고 평야지대에서는 '상사소리'가 우세한 양상을 보이면서, 산간지대와 평야지대 사이에 형성되게 되었다.

'정자소리'는 영남지역에 강한 세력을 구축했다. '정자소리'가 영남지역의 대부분에 고르게 분포할 수 있게 된 데는 낙동강의 물길이 한 몫을 했다. 강은 본래 물과 농지를 아울러 확보하게 하여 논농사에 적합한 환경을 제공할 뿐만 아니라, 물산과 문화의 교류가 가능하도록 해주는 소통로서도 기능한다. 그러므로 낙동강과 그 지맥이 산지가 많은 이 지역에 논농사를 가능하게 해주며, 또한 '정자소리'의 파급을 보다 용이하게 했을 것이다. '정자소리'의 파급은 북쪽과 서쪽으로 전개되었다. 그런데 이 노래의 북진은 낙동강 상류 지역인 의성과 안동에 진출한 뒤, 독자적인 줄기노래를 가진 예천, 영주, 봉화, 그리고 소백산맥을 넘어 진출한 '아라리'를 받아들인 문경으로 나아가지 못했다. 이 지역은 모두 소백산맥 줄기의 남쪽 기슭에 자리 잡은 곳이라는 지형적 공통성에 묶여 경북의 여타지역과 다른 면을 보인 것이라고 볼 수 있다.[18]

전국적으로 파급력이 큰 '하나소리', '상사소리', '아라리', '정자소리'가 각 지역에 거점을 두고, 서로 대치하고 경쟁하면서 세력을 구축해 나가는 것을 확인했다. 이상의 영향력이 큰 4종의 노래는 모심는 소리의 대표성을 갖고 전국 각지에서 불렸지만, 예천 통명의 모심는 소리는 이와 무관하게 본인들의 독자적인 노래를 생성하여 불렀다는 특성이 있다. 영남지역에서 강한 세력을 구축한 '정자소리'가 예천 통명에서는 자리 잡지 못하고, 분포하지

---

18 강등학, 『한국민요의 존재국면과 민요학의 문제의식』, 민속원, 2017, 23쪽.

않는다는 점에서 이 지역의 독자적인 성격이 잘 드러난다.

'정자소리'가 예천의 모심는 소리인 '아부레이수나'에 영향을 주지 않았다는 점은 가창방식을 통해 알 수 있다. '아부레이수나'는 선소리꾼이 앞소리 사설을 메기면 뒷소리꾼이 후렴구를 받는 선후창 형식이다. '정자소리'가 후렴이 없는 노래로서 교환창 또는 윤창으로 부르는 점과 차별화된다.

선후창은 한 사람이 사설을 메기고 나머지 사람들이 후렴을 부르는 방식이기에 참여 인원이 많을수록 연행이 더욱 활성화되지만, 교환창은 한 편의 사설을 두 패로 나누어 반씩 주고 받기에 참여 인원이 적을수록 연행이 긴밀해진다. 반씩 부른 사설이 짝을 이루어 어울려져야 하기 때문이다. 그런가 하면 윤창 역시 소수의 사람들이 부르기에 알맞은 가창방식이다. 수가 많으면 개인의 참여 기회가 적고, 그렇게 되면 분위기가 하나로 집약되지 못하고, 산만해지기 때문이다.[19]

'아부레이수나'의 특이한 점은 선후창 방식이면서 뒷소리패의 받는 소리가 마무리되는 부분에 메기는 소리가 가창을 진행하면서 마치 두 소리가 겹치며 화음을 이루는 듯한 효과를 내는 점이다. 메기고 받는 소리가 끊어지지 않고 연속적으로 이어지면서 노래가 연속성과 지속성을 갖는 것처럼 느껴진다. 이러한 특성은 예천을 포함해 경상북도 북부지역에 분포하는 '에웨기소리'와 유사한 점이다.

논매는 소리인 '에웨기소리'[20]와 '아부레이수나'는 가창방식 역시 매우 유사하다. '에웨기소리'는 4가보격 1, 또는 2행 이상으로 사설이 길고, 또 사설 끝에 간단한 입소리를 넣어 마무리하는 특징을 보이는데,[21] 통명마을의 '에웨기소리'는 '아부레이수나'와 동일한 선후

---

19 강등학, 앞의 책, 22쪽.
20 경상북도 논매는 소리 중에 그 분포가 다른 것보다 넓은 것은 '에웨기소리', '잘도한다소리', '옹헤야소리', '상사소리', '방아소리' 등 5종인데, 이 가운데 '에웨기소리'는 경북의 자생적인 노래이며, 경상북도 북부권에 해당하며 다수 분포하고 있다.(강등학, 앞의 책, 41쪽)
21 강등학, 앞의 책, 318쪽.

창 방식으로서 사설이 길고, 메기는 소리와 받는 소리를 불규칙한 박자로 겹쳐 부르는 공통점이 있다.

두 악곡이 유사한 가창방식을 활용하고 음악적으로 유사한 특성을 공유한다는 점은 '아부레이수나'가 논매는 소리인 '에웨기소리'로부터 일정 부분 영향을 받아 변이되어 현재의 소리로 형성되었을 것으로 추측할 수 있는 근거가 된다. 논매는 소리를 모심는 소리로 활용한 사례는 경기도 화성, 충청남도 서산, 당진 등에서 일부 나타난다. 이 지역에서는 논매는 소리인 '방아소리'를 모심는 소리로 사용했다. '방아소리'는 논매는 소리 중에 전국의 곳곳에 널리 퍼져있는 광역분포노래이다. '방아소리'의 분포가 전국적으로 매우 넓고 파급력이 크기 때문에, 일부 지역에서 방아소리를 그대로 수용하여 자연스럽게 모심는 소리로 활용한 것으로 보인다.

논매는 소리는 모심는 소리에 비해 훨씬 이전부터 활용되고 불려졌다. 모심는 소리와 논매는 소리는 그 역사적 층위가 크게 다른 노래이다. 곧, 논매는 소리를 확인할 수 있는 기록은 조선 전기에 나타나지만, 실제로는 적어도 신라 말이나, 고려 초에는 이미 논매는 소리가 존재하고 있었을 것으로 보인다. 그리고 모심는 소리는 고려 말에 영남지역에서 그 존재가 확인되고 있지만, 그것이 제대로 자리 잡은 것은 조선 후기에 이르러서이다. 모를 내서 벼를 재배하는 농법은 고려 말에 보급되어 있었으나, 수리시설의 미비 등으로 정부가 모내기하는 것을 법으로 금하여 규제하다가 조선 후기에 와서 허용해 주었기 때문이다.

이앙법의 허용은 모심는 소리의 수요를 전국적으로 일거에 촉발시켰다. 모심는 소리의 종류가 비교적 적은 대신에 분포의 범주가 넓게 자리 잡은 것도 이러한 사정과 관계가 있다. 수요가 일거에 촉발되면서 모심는 소리가 거의 같은 시기에 급속도로 널리 확산되었고, 이에 따라 모심는 소리는 지역별로 각각의 형편에 맞도록 노래의 종류가 다양하게 출현할 수 있는 겨를을 갖지 못했다. 그 결과 모심는 소리로 먼저 자리 잡은 몇몇의 노래들을 이곳저곳에서 쉽게 받아들이게 된 것으로 보인다. 모심는 소리가 이같이 급속하게 확산된 것은 논매는 소리의 형성과는 아주 다른 것이다.

논매는 소리는 오랜 시기를 거치는 동안 서로 다른 문화적 역정을 거치며 다양한 노래를 출현시킬 수 있었고, 또 이 노래들에 의해 그때마다 새로운 국면이 형성됨으로써 작은 지역 간에도 서로 변별성을 드러낼 수 있었던 것이다. 그러므로 모심는 소리의 분포권이 논매는 소리의 세부 국면들을 포괄하여 보다 큰 단위로 묶을 수 있도록 범주화된 것은 모심는 소리의 수용과 관련하여 그동안 축적된 각 지역의 문화적 역정과 세부국면의 작용이 그만큼 약했기 때문이라고 할 수 있다.[22]

이앙법이 도입되면서 모심기를 할 때 부를 노래도 새롭게 마련해야 했다. 이러한 필요가 생기자 다른 용도로 부르던 노래를 모심는 소리로 끌어다 부르는 일이 이곳저곳에서 생겨났다. 예를 들면, '상사소리'와 '아라리'도 이러한 사정에 따라 모심는 소리로 불리게 된 노래에 해당한다. '상사소리'는 호남지역에서 땅다지기, 묘다지기, 말뚝박기, 줄다리기 등 여러 용도로 부르고, 경기도와 강원도 영서지역 등 중부지역에서는 논매기의 용도로 부르던 노래이다. 또한 '아라리'는 강원도를 중심으로 밭매기, 나무하기, 나물뜯기, 삼삼기 등 여러 용도로 부르던 노래이다. '미나리'가 모심는 소리로 불리게 된 것도 같은 맥락에서 이해할 일이다. 본래 밭매는 소리로 부르던 '미나리'를 일부 지역에서 논매는 소리로 끌어다 불렀고, 그 뒤 이앙법이 도입되면서 모심는 소리로도 부르는 곳이 생겨나게 된 것이다.[23]

그런데 '아부레이수나'는 영남지역의 대표적인 모심는 소리인 '정자소리'를 수용하지 않았고, 다른 용도로 부르던 노래를 끌어다 모심는 소리로 활용하지도 않았다. '아부레이수나'는 경상북도 북부지역의 논매는 소리인 '에웨기소리'의 영향을 받아 변이되어 형성됐다. '아부레이수나'는 '에웨기소리'의 가창방식, 토리, 리듬의 활용, 음역의 확대 등과 같은 대표적인 음악적 특성을 자연스럽게 수용하고 응용하여 만들어 현재의 모심는 소리로 형성된

---

22 강등학, 「〈모심는소리〉와 〈논매는소리〉의 전국적 판도 및 농요의 권역에 관한 연구」, 『한국민속학』 제38집, 한국민요학회, 2003, 70~71쪽.
23 강등학, 앞의 책, 239쪽.

것이다. 이는 일부 지역에서 논매는 소리를 원곡 그대로 수용하여 모심는 소리로 활용한 경우와 차별성을 갖는 부분이다. 예천 통명의 모심는 소리인 '아부레이수나'의 형성은 전국적으로 매우 독특하고 드문 사례이며, 예천 통명이 갖는 독자적인 성격으로 볼 수 있다.

4. 결론

본고에서는 예천 통명 모심는 소리의 형성 및 지역적 위상을 논의하며, 나아가 통명농요의 권역적 의미를 이해하고자 했다. 경북지역은 '정자소리'가 모심는 소리의 독점적인 분포지역인데 비해, 예천 통명의 경우 '정자소리'의 분포지가 아닌 점이 매우 특이한 점이다. 예천 통명의 대표적인 모심는 소리는 '아부레이수나'이다. '아부레이수나'는 선소리꾼이 앞소리 사설을 메기면 뒷소리꾼이 후렴구를 받는 선후창 형식이다. '정자소리'가 후렴이 없는 노래로서 교환창 또는 윤창으로 부르는 점과 차별화된다.

'아부레이수나'의 특징은 선후창방식이면서 뒷소리패의 받는 소리가 마무리되는 부분에 메기는 소리가 가창을 진행하면서 마치 두 소리가 겹치며 화음을 이루는 듯한 효과를 내는 점이다. 메기고 받는 소리가 끊어지지 않고 연속적으로 이어지면서 노래가 연속성을 갖는다.

모심는 소리인 '아부레이수나'의 가창방식은 통명 논매는 소리인 '에웨기소리'와 매우 유사한 방식이다. '에웨기소리'는 통명을 포함해 경상북도 북부권에 분포한다. 통명의 '에웨기소리'는 '아부레이수나'와 동일한 선후창 방식으로서 사설이 길고, 메기는 소리와 받는 소리를 불규칙한 박자로 겹쳐 부르는 공통점이 있다. 두 악곡의 유사성을 통해 추측해 본다면 모심는 소리 '아부레이수나'는 논매는 소리 '에웨기소리'부터 일정 부분 영향을 받아 변이되어 형성됐을 것으로 보았다.

좀 더 구체적인 유사성을 찾고자 예천 모심는 소리인 '아부레이수나'와 예천, 영주, 봉화의 논매는 소리인 '에웨기소리'의 음악적 분석을 진행했다. '아부레이수나'를 포함한 예천, 영주, 봉화의 '에웨기소리'는 모두 선후창방식으로 가창방식이 동일했고, 박자 역시 불규칙박을 활용했다. 모든 악곡은 '미-솔-라-도´-레´´'의 구성음을 기본으로 메나리토리 특성을 드러냈다. 상행시 '미-라'의 완전4도와 '라-도'의 단3도 진행, 하행시 '라-솔-미'의 진행에서 '솔'이 경과음으로 사용된 점은 메나리토리의 전형적인 특징이다.

'아부레이수나'와 예천 '에웨기소리'는 메기는 소리에서 음역대를 높은 '미'까지 넓게 활용했고, 봉화의 '에웨기소리' 역시 '미'부터 '레´´'음까지 음역을 넓혀 사용했다. 봉화 '에웨기소리'는 음역을 '미´´'음까지 활용하지 않지만, '레´´'음을 힘껏 질러 부르며, 음역을 넓히는 느낌을 전달했다. 메기는 소리에서 가창자가 음역대를 넓히면서 리듬감 있게 노래한다는 점은 '아부레이수나'와 '에웨기소리'의 공통점이다.

이상의 음악적 분석을 바탕으로 예천 모심는 소리 '아부레이수나'와 논매는 소리 '에웨기소리'는 메나리토리의 보편성을 갖고 있으며, 매우 유사한 진행방식과 동일한 가창방식을 사용했음을 확인했다. 역사적으로 조선 후기 이앙법이 도입되면서 다른 용도로 부르던 노래를 모심는 소리로 끌어다 부르는 일이 이곳저곳에서 생겨났다. '아부레이수나'는 타 지역과 달리 다른 용도로 부르던 노래를 끌어다 모심는 소리로 활용하지 않았고, 영남지역에 강한 세력을 구축한 '정자소리'를 수용하지도 않았다. '아부레이수나'는 경상북도 북부지역의 논매는 소리인 '에웨기소리'의 영향을 받아 변이되어 형성됐다. 이는 전국적으로 매우 독특하고 드문 사례이며, 예천 통명농요가 지닌 독자적인 성격으로 볼 수 있다.

참고문헌

강등학, 『한국 민요학의 논리와 시각』, 민속원, 2005.
강등학, 『한국 민요의 존재국면과 민요학의 문제의식』, 민속원, 2017.
강원희, 『예천통명농요』, 문예사, 1992.
김영운, 『국악개론』, 음악세계, 2015.
이보형, 「메나리조 산유화제」,『한국음악연구 제2집』, 한국국악학회, 1971.
이소라, 『한국의 농요 1』, 현암사, 1985,
예천군지 편찬위원회, 『醴泉郡誌 상권-예천의 문화재』, 예천군, 2005.
예천군지 편찬위원회, 『醴泉郡誌 중권-예천의 문화재』, 예천군, 2005.
예천군지 편찬위원회, 『醴泉郡誌 하권-예천의 문화재』, 예천군, 2005.
예천군, 『예천지역 전통문화 유산』, 민속원, 2011.
『중요무형문화재 제84호-나호, 예천통명농요』, 국립문화재연구소, 1999.
『한국민요대전-경북북도편』, MBC, 1995,
『한국민요대전-경북북도민요해설집』, MBC, 1995,

공처마을 농민들의 일노래로서 농요의 연행과 전승

박혜영
충청북도 문화재위원회 전문위원

공처마을 농민들의 일노래로서 농요의 연행과 전승

1. 머리말

민요는 자연스럽게 마을사회라는 울타리 안에서 공동체 구성원들 사이에서 불리던 노래였지만, 산업화 이후 그 명맥을 유지하기 어렵게 되었다. 농요와 상여소리 등을 전승하던 마을 자생조직인 두레와 계가 와해되고, 고령인구가 늘면서 민요 구연자의 연령대도 계속해서 높아졌다. 각종 보존회가 신설되어 대책을 마련하고는 있지만, 특히나 선후창으로 부르는 노동요나 의식요의 경우에 앞소리꾼이 급감하고 있는 실정이다. 민요 부문의 대다수 예능보유자들이 바로 이 앞소리꾼들이다. 마을에서 대대로 내려온 전통이 계승의 활로를 찾기 위한 방편 중 하나는 보존회를 세우는 일이었다. 사람을 모아 단체를 설립하는 것은 나름의 목적과 이념을 의식적으로 연대할 때 가능했으며, '나라에 이바지'하는 자랑스러운 문화예술로서 긍지와 보람은 그 촉매제 역할을 했다. 민속예술경연대회라든지 무형문화재 제도는 보존과 진흥이라는 명분을 앞세워 각종 보존회가 편승하고 활용하기에 좋은 문화적 장치였다.

2023년 5월 16일에 문화재청 국가유산정책기획단이 제정한 국가유산기본법에 따라 무형문화재는 '국가유산'으로서 '국민의 문화향유를 통한 삶의 질 향상에 이바지함'을 목적으로 국가와 지방자체단체의 책임 아래 관리된다. 국가유산의 체제 아래 무형유산이 포함되며 이는 바로 기존의 무형문화재를 일컫는다.[1] 무형문화재는, '연극, 음악, 무용, 공예 기술, 기타 무형의 문화적 소산으로서 우리나라의 역사상, 예술상 또는 학술상 가치가 큰 것(문화재보호법 제2조 2항)'으로 규정되어 있다.[2] 국가지정 중요무형문화재는 문화재보호법의 규정에 따라 심의하여 결정하고, 그 외 시도지정 무형문화재는 시·도지사가 해당 관할구역 안에 있는 문화재 중에서 선별하여 지정한다. 1961년 10월 문화재관리국이 신설되고, 이후 문화재보호법이 공포되었다. 음악분야에 민요가 포함되었으며, '1. 민족생활의 변천과 발달을 이해하는 데 도움이 되는 것 2. 발생연대가 비교적 오래되고 그 시대의 특색을 지닌 것 3. 형식과 기법이 전통적인 것 4. 예술상 가치가 특출한 것 5. 학술연구 상 귀중한 자료가 될 수 있는 것 6. 향토적으로나 그 밖의 특색이 현저한 것 7. 인멸될 우려가 많아 문화적 가치가 상실되기 쉬운 것'[3]이 구체적인 선정 기준으로 결의되었다. 이런 규정 사항들을 종합하면, 희소성, 역사성, 예술성, 향토성 등이 무엇보다 중요시되었음을 알 수 있다. 국가지정 문화재와 달리 시도지정 무형문화재는 1971년부터 지정되기 시작했는데, 경상북도에서는 1975년부터 지정이 시작되었다.[4] 이 글에서 다루는 공처농요는 1980년대 중반에 문화재로 지정되었다.

예능보유자는 무형문화재의 예능 또는 기능을 체득, 보존하고 이를 그대로 실현할 수 있는 자를 일컫는다. 이 보유자 인정제도는 특히 1958년 대한민국 정부수립 10주년 경축기념으로 개최된 '전국민속예술경연대회'와 관련이 깊다. 이 대회는 공보실 후원과 전국문화단체총연합회의 주관으로 열렸으며, 심사위원 중에는 문화재위원들도 포함되어 있었다.[5] 경연방식을 통해서 대회참가자들에게 소멸되어 가는 민속을 발굴하여 예능의 실연기회를

---

[1] 법제처 국가법령정보센터 국가유산기본법 참고.
[2] 이장열, 『한국무형문화재정책 - 역사와 진로』, 관동출판, 2005, 17쪽.
[3] 이장열, 위의 책, 62쪽.
[4] 이장열, 위의 책, 87쪽.
[5] 이장열, 위의 책, 54~55쪽.

부여하고, 대회참여자를 공개적으로 심의하여 연행능력을 점검하는 과정이나 다름없었다. 실제로 대회 수상실적들은 무형문화재 신청서류 작성에 요긴하게 활용되곤 했다. 공처농요와 관련하여 특히 주목되는 것은 민요연구에 헌신을 다한 이소라의 채보 자료와 음원,[6] 그리고 예천통명농요 보존회원으로 활약하던 강원희의 채록본이다.[7] 이들의 기록을 통해서 문화재 지정 경위와 경연대회 출전 상황을 짚어볼 수 있다.

경북지역 민요는 구비문학의 연구대상으로 주목받아 1960년대부터 발굴 조사되기 시작했고 서사민요 연구[8], 한국민속종합조사보고서 - 경상북도편[9] 등이 집대성되었다. 동부해안권과 중앙내륙권, 남부권으로 구분하여 기존 조사내용을 종합하고, 안동과 예천을 비롯한 낙동강유역의 민요를 사설과 기능 권역상의 특성을 다룬 성과물도 집적되었다.[10] 민요의 가창음을 사실대로 기록하는 '실음 기록'과 녹음 및 전사 작업이 시행되었으며,[11] MBC 한국민요대전의 음반기록사업의 일환으로 경북지역의 민요도 수집되었다.[12] 예천 지역의 모심는 소리와 아부레이수나, 도움소 소리 등이 여기에 수록되었다.[13]

이밖에 영남민요의 전승과 특징을 다루면서 경북지역의 민요에 대해 언급한 연구,[14] 경상북도 민요를 상주권, 안동권, 성주권, 경주권으로 분류하고 갈래와 유형별 특징을 다룬 연구 성과가 있다.[15] 각별히 주목되는 것은 경북지역 농요를 발굴하여 한국의 농요[16]와 상주

---

6   이소라, 『한국의 농요 1』, 현암사, 1985.
7   강원희 편저, 『예천아리랑과 예천의 노래』, 역락, 2013.
8   조동일, 『서사민요 연구』, 계명대출판부, 1970.
9   『한국민속종합조사보고서 - 경상북도편』, 문화재관리국, 1972.
    국립문화재연구소, 『경상도민요』, 국립문화재연구소 소장 음반자료시리즈 38, 2005.
10 김기현, 「임석재 채록 한국구연민요 CD 출반기념 한국구연민요 - 연구편」, 한국구연민요연구회 엮음, 집문당, 1997, 281쪽.
11 류종목, 「민요조사 방법의 회고와 전망」, 『한국민요의 현장과 본질』, 민속원, 1994, 49쪽.
12 김혜정, 「민요를 보는 시각과 쟁점」, 『한국민요학』 제42집, 2014 참고.
    문화방송, 『한국민요대전 - 경상북도편』, 1995.
13 최상일, 『우리의 소리를 찾아서』, 돌베개, 1995, MBC 민요대전.
14 권오경, 「영남민요의 전승과 특질」, 『우리말 글』 25권, 우리말 글학회, 2002.

의 민요.[17] 등을 섬세히 정리한 이소라의 연구업적이다. 한국정신문화연구원에서 발행한 경상북도 자료편 민요에는 1979~1986까지 전승되던 지역 민요의 구비문학다운 면모가 조사보고 되어있다.[18] 강등학은 이 선행연구를 토대로 경북지역 〈논매기 소리〉를 종합하여 기초적 분석과 지역적 판도를 가늠하였다.[19] 특히 이소라는 예천지역의 민요를 손수 현장에서 수집하고, 채보한 악보를 정리하여 연행자들이 구연한 민요 음원을 수록한 예천민요집을 발행했다.[20] 민요연구자 이소라의 활동이 주목되는 것은 공처농요의 발굴과 보존회의 결성에 있어서도 기여한 바가 크기 때문이다.

필자가 공처농요를 처음 접한 것은 1984년 봄이다. 문화재관리국(문화재청의 전신)의 상근 전문위원으로 일하던 첫 일거리인 통명농요의 국가지정 인정 여부를 판단하기 위한 보고서 작성을 위해 예천읍에 갔다가 조사를 일단락하고 나오는 길에 퇴근 무렵의 예천군청에 들렀더니 오래된 직원(김종두)님이 "위원님, 바로 이웃 면에 전혀 다른 농요가 있습니다."하였고 필자는 첫 일거리를 잘 하고 싶은 의욕에 "그럼 가봅시다" 하고는 즉시 연락이 되어 공처마을의 노인정을 찾았다. 늦은 오후의 갑작스런 알림인데도 2층 방안엔 노인들이 한 방 가득 찼다. 풍양면장의 독려로 이따금 모여서 농요를 부르기 시작하였는데, 방송국에서나 대학교수나 외부에서 찾아주는 사람도 없고, 면장도 자리에서 물러나, 이것 불러 무슨 소용이 있나 하고 시들해져 있다고 하였다. 그날 밤, 직장이 있는 서울로 오는 길에 충격을

---

15 김헌선, 『한국구전민요의 세계』, 지식산업사, 1996, 200~267쪽.
16 이소라, 『한국의 농요 1』, 현암사, 1985.
17 이소라, 『상주의 민요』, 상주군, 1993.
18 임재해, 『한국구비문학대계7-9(경상북도 안동시 안동군편)』, 한국정신문화연구원, 1982.
19 강등학, 「경북지역 〈논매기 소리〉의 기초적 분석과 지역적 판도」, 『동부민요의 예술세계』, 2004.3.20., 2004 춘계 전국 국악학 학술대회, 단국대학교 멀티미디어실, 한국전통음악학회, 대한민국 동부민요보존회, 국립국악원, 단국대학교, 한국국악학회, 갑우문화원.
20 이소라, 『예천민요집』, 민족음악연구소, 2020.

느꼈다. 이들을 서울로 불러올려 공연할 기회를 줄 수 없을까? 이리하여 곧, 농요보존회를 결성하였고, 문예진흥원의 협조를 얻어, 서울 동숭동의 마로니에 공원 야외공연장에서 1985년(현 두레소리보존회의 전신)의 초청으로 제1회 농민과 함께 들노래에 공처농요단을 초청할 수 있었다.[21]

이소라가 직접 서술한 농요 발굴 과정을 제시하면 위와 같다. 이러한 선학자의 조사와 연구 결과를 토대로, 본고에는 그간 발굴과 기록을 거듭해온 공처농요와 관련된 음원과 영상자료를 검토한 내용을 정리하여 수록한다.[22] 이렇게 외부의 전문가들을 초빙할 수 있었던 것은 그 전부터 공처마을의 농요를 널리 알리고자 하는 주민들의 의지가 있었기에 가능한 것이었다. 그런 만큼 예천 지역에서 공처농요의 발굴과 보존을 위해 농요의 발굴과정과 연행과정 등을 기록해온 지역민의 주체적인 활동도 매우 중요하다. 이와 관련된 내용을 본문에서 다룰 것이다. 더불어 무형문화재 발굴과 지정을 거쳐 무형유산으로서 자리매김 해온 과정을 전수교육, 행사와 공연 현황 등을 고려하여 서술한다. 무형문화재로 지정되지는 않았지만, 농요의 일환으로 불리던 민요도 더불어 살펴볼 것이다.

2. 공처마을 농민들의 일노래

경상북도 예천군 풍양면 공덕2리는 예천읍에서 서남쪽으로 80리 떨어진, 넓고 비옥한 낙상洛上평야의 동쪽기슭에 있다. 예천읍과 공처마을 사이에 내성천과 낙동강이 가로놓여 있다. 공처마을은 벼농사를 짓는 전형적인 농촌 마을이다. 공처농요는 1980년대 손의원,

---

21 이소라, 앞의 책, 42쪽.
22 조영배, 『한국의 민요 아름다운 민중의 소리』, 민속원, 2006, 234~243쪽 참고.

이용식과 같은 마을 어른들의 기억을 토대로 복원되어, 1985년에 전국민속예술경연대회에서 문화공보부장관상을 수상했다. 1992년 제33회 전국민속예술경연대회에서는 대통령상을 수상하고 경북 무형문화재 제10호로 지정되었다. 이 농요는 미·라·도·레의 4음이 중심을 이루는 메나리토리의 노래이다. 공처농요는 모찌기소리, 모심기소리, 논매는 소리, 걸채소리, 타작소리 등으로 연행된다.[23]

 실제로 농요가 연행되는 현장은 그야말로 농사를 짓는 논밭이고 농사일을 하는 생업의 현장이다. 그래서 소리꾼 외에도 농사일을 관리하거나 새참을 만들거나, 일손을 보태는 역할이 필요했다. 또 논의 주인에 해당하는 농감은 물꼬를 트기 위해 삽괭이를 들고 다니는데, 모가 넘어지면 삽괭이로 일으키며 다녔다. 농군 여럿이 동원된 논매기 때는 농악기가 수반되었다. 태평소는 마을에 잘 부는 사람이 없어서 제외되기 일쑤였고, 소북(소고)도 필요성이 떨어져 생략되었으나, 꽹과리, 징, 북, 장구 등이 동원되어 풍장을 울렸다. 이 때 동민들은 어깨에 도롱이를 메고, 삿갓과 버들가지를 들고 짚신을 신고 양주먹을 살포시 쥐고 오금을 주면서 무릎을 구부리다가, 양팔을 휘젓는 몽두리춤을 추면서 상쇠를 따랐다. 도롱이는 짚으로 만들었는데, 여름철 소나기를 피하거나, 마르고 뜨거운 땅을 피해 그늘 밑에서 쉴 때 방석으로 쓰기도 하고, 햇볕이 강할 때는 양산을 대체할 햇빛가리개처럼 쓰기도 했다. 버들가지는 몸에 달라붙는 들파리나, 논 맬 때 사람에게 붙어 피를 빠는 쇠파리를 쫓고, 땀에 젖은 삼베적삼 등거리에 넣어 살에 달라붙는 것을 방지하거나, 논 맬 때 몸에 감아 장잎에 찔리지 않게 하는 용도로 쓰였다.[24] 논일을 나갈 때 농기를 들고 다녔으며, 7월 풋구 날에는 국수를 삶아서 농기 앞에 차렸다. 논 한가운데에 버들가지를 꺾어서 펴놓고 그 위에 국수 그릇을 올렸다. 이런 전통은 농기계가 도입된 이후로 사라졌고, 품앗이하면서 농요를 부르던 전통도 점차 쇠락했다. 영상기록을 참고하여 그 면면을 구체적으로 들여다볼 수 있다.

---

23 공처농요보존회, 『공처농요』, 1995, 참고.
24 공처농요보존회, 위의 책, 28쪽 참고.

농민들은 벌모를 심으면서, 논을 매고, 타작을 하면서 힘든 일을 달래고 노래로 하루를 즐거이 보냈다. 모심기는 일모작이나 이모작으로 나뉘는데, 일모작인 경우에는 느긋하게 노래를 부르면서 모를 심으나 이모작인 경우에는 소리를 하지 않고 모심기에만 열중하였다. 논매기는 아이(애벌)논매기, 두벌논매기, 세벌논매기가 있으나 보통 두벌논매기에서 소리가 가장 힘찼다. 논매기가 끝이 날 쯤에 일꾼들이 마치 쌈을 싸듯이 대열을 이루었다. 이때 소리를 하면서 쓰러진 벼 포기를 세우기도 했다. 집으로 돌아올 때는 상머슴을 소에다 태워 삿갓을 뒤집어 씌우고 농요를 부르면서 농부들이 흥겹게 집으로 돌아오는 모습이 장관이었다.

하루의 논매기가 끝나고 집으로 돌아온 일꾼들은 안주인이 정성껏 준비한 국수와 농주를 나누어 먹었다. 뿔떡국수는 밀가루나 메밀가루 또는 콩가루를 섞은 반죽을 안반 위에다 놓고 홍두깨로 밀고 썰어 만든 경북 지역 향토음식이다.[25] 으레 논매기꾼에게는 이 국수 외에도 호박전과 명태 한 마리씩 돌아갔다. 온 마을사람들이 뿔떡국수를 만들어 나누어 먹었다. 식사 후에 이웃들이 마당 가운데 모여, 막걸리를 서로 권하면서 밤늦도록 농악을 치고 놀았다. 아낙네들은 이를 두고 소위 '저녁술 먹인다'고 했다.[26] 대개 논매기가 끝나는 시기는 여름철 농사의 끝물이라고 볼 수 있다. 자연재해 없이 풍년이 들기를 비는 일만 남은 시기이기 때문이다. 논일을 다하고 집에 돌아와서는 마당에서 멍석을 깔고 낮에 했던 소리를 하면서 술을 마시고 놀았다. 이때 주로 칭칭이 소리를

뿔떡국수

---

25 예천공처농요보존회, 앞의 책, 61쪽.
26 예천공처농요보존회, 위의 책, 58쪽 참고.

불렀다.[27] 마당에 모깃불을 피워 놓고 이야기꽃을 피우다가, 취기가 오른 일꾼들이 마당에서 논매기 흉내를 내며 노래를 하는 '마당 논매기'가 펼쳐지곤 했다. 특별한 준비물 없이 자리에서 일어나 논매는 시늉을 하는 것을 마당논을 맨다고 일컬었다. 논매기소리에 이어 치야 칭칭(쾌지나 칭칭 나네)으로 넘어가고, 쌓인 피로를 소리로 풀어내는 여흥의 과정에 해당했다.[28]

마당논매기를 하러 모인 주민들

이처럼 농요의 전승은 공동체를 중심으로 농사일의 순서에 맞추어 이루어졌다. 또한 농요가 연행되는 시간은 농작물의 생장 속도와 계절과 날씨의 변화와 맞물려 있었다. 그러나 자연스럽고 일상적으로 전승되던 농요는 점차 현장성을 상실하고, 행사 또는 공연이나 경연에 맞추어 짧게 갈무리된 향토성 짙은 예술로 인식되는 경향이 높아졌다. 농요의 예술성 중에서도 음악적 특성이 중요시되며, 이소라의 연구에 기대어 다음과 같이 정리할 수 있다.

공처농요에는 모심는 소리("아오-, 에이여송아-, 아오--"), 논매는 소리(진사대·짜른사대·어루사대·햇소리), 걸채소리(장원질소리 : "옹- 헤야") 및 벼타작소리(보우세소리) 등이 있다. 연행을 마무리 할 때는 칭칭이소리도 곁들인다. 예천군에 모심는 소리가 별도로 없는 마을이 대부분이지만, 공처농요의 '이여송아'는 통명의 '아부레이수나'와 함께 예천 지역을 대표하는 모심는 소리이다. 풍양면 이외에 은풍면에서도 '이여송아' 곡이 수집된다. 농요는 주로 두벌매기 때에 불렀다. 초벌매기 때는 소리를 하지 않았다.[29] 논 면적이 크면 진사대("에-헤헤에이-, 에-헤헤에, 아-아-, 아아-오-, 오오-오-, 우오-, 오-디-, 에라보자-아하아-, 아

---

27 예천공처농요보존회, 앞의 책, 28쪽 참고.
28 논매기나 모심기 소리의 연행과정에 대한 영상 기록물이 유튜브에 공유되어 있으며, 공처농요와 관련된 아카이빙 자료로 중요하다고 생각되어 참고문헌에 별도로 목록을 제시하였다.
29 제20회 예천공처농요 정기발표공연 리플릿(2015년 10월 1일) 참고.

아오-")를 여러 번 반복하다가 1/3정도 남았을 때 짜른사대("에에-, 에이이, 얼사-, 이요호")를 부르며, 이어서 어루사대("에 헤이루사, 워디용")로 들어가 햇소리(1. 에이오-호해이야 2. 어 해야 3. 엉-해-)로 맺는다. 진사대가 제일 길며, 뒤로 갈수록 메기고 받는 선율이 점점 조여든다. 챗돌에다 잘개질을 하는 보우세소리도 일품인데 인접한 상주시 중동면에서도 보우세계系가 발견된다.[30]

이 글에서 제시하는 사설은 강원희와 이소라가 정리한 것을 토대로 하며, 구연자에 따라 사설의 구성이 달라지기에 이를 구분하여 실었다. 본문에 제시한 악보는 이소라가 채보한 것으로, 공처농요보존회에서 발행한 『공처농요』에 실린 것을 발췌한 것이다. 이소라가 채보한 악보는 후렴구나 메김소리의 선율을 이해하는 데 중요할 뿐 아니라 민요의 수집 발굴과 정리에 있어서 자료적 가치를 지니기에 그대로 수록했다. 공처마을 농요의 구체적인 연행내용을 제시하면 다음과 같다.

1) 가래질소리

여기에 소개하는 가래질소리는 1992년 1월 예천문화원장이었던 강원희가 공처마을 농요보존회의 부회장으로 활동하던 김병구(1929년 생, 조사 당시 60세)를 대상으로 직접 조사하고 채록한 내용이다.[31] 가래질소리는 못자리나 논둑을 쌓을 때 부르며, 특히 장마철 논둑이 무너졌을 때 여러 사람이 협동하여 일하고 소리를 한다.[32] 공처농요보존회가 전국민속예술경연대회에 출전하기 위해 구성한 곡목 외에 공처마을 농민들이 농사를 지으면서 부르던 농요를 보다 폭넓게 살피기 위해 제시한다.

---

30 2015년 공처농요보존회의 리플릿 참고.
31 강원희, 앞의 책, 124쪽 참고.
32 강원희, 위의 책, 126쪽.

(앞소리)	(뒷소리)
당겨라	당긴다
가래줄을 당겨라	당긴다
휘휘 당겨라	당긴다 당긴다
앞을보고 당겨라	푹푹되어라 얼마든지 당긴다
가래장 빼앗듯이 당겨라	가래장을 꼭쥐어라 당겨보자
휘휘 당겨라	당겨보세 당겨보세
한쪽사람 덜당기네	어느사람 덜당기는고
오른쪽사람 덜당기네	오른쪽사람 힘을써라
손바닥에 불이나네	같이당겨주자 가래줄을
가래줄을 놓았다고	그렇고말고 놓아주지
줄힘으로 흙이간다	당겨보세 당겨보세
산더미 같은 흙이다	태산 같아도 당겨보세
땀을내라 땀을내라	구슬같은 땀이 절로난다
우리농군 이일을 누구가 아나	우리농군 이재미로 살아간다.
머리에 쓴수건 비깨라	그래자 쓴수건 땀을 닦자
목마른 우리군사	우리군사 우리들은 농군일세
텁텁한 막걸리 춤넘어가듯	텁텁한 막걸리 어디있는고
부지런히 당기면 막걸리 나온다	당기보세 당기보세 얼씨구 좋다
검은 얼굴 광이나듯	번질번질 땀이 나네
선비들은 팔자좋아	그렇고 그렇고 말지
이런들 저런들	선비들은 모를거야
우리팔자 한탄말고	휘휘 당겨보세
줄을 놓아라 멈추어보세	멈추어보세 휴휴[33]

2) 모찌는 소리

모찌는 소리는 공처마을 이용식(1909년 6월 7일생)이 구연한 것이다. 강원희는 '1985년 제26회 전국민속예술경연대회 출연을 위해 조사했으나 현지 사정 및 경연시간 상으로 연습을 못하여 현재까지 불려지고 있지 않음'[34]이라고 밝힌 바 있다. 경연대회 출전 곡목으로 선정되지 못한 이 소리는 무형문화재 지정 농요 곡목에서도 생략되기 일쑤였으며, 급기야 전승이 단절되었다. 공처농요의 모심기소리는 강원희가 발굴하고 채록하여 정리한 바 있다. 모심기소리를 조사하던 중에 '모찌기소리'가 있다는 사실을 알게 되어 이용식의 사설을 채록했다. 그는 이용식의 타작소리도 정리하였다. 또한 전 대원들에게 농요의 전 과정을 연습하고 시연에 임하자고 했다. 탐탁치 않아하는 일부 단원들과 지도자를 설득하여 전국민속예술경연대회 경연시간 관계상 '타작소리'만이라도 연습을 하기로 했다. 강원희는 이때 타작소리를 하지 않았으면 지금의 '모찌는 소리'처럼 되었을 것으로 본다고 서술한 바 있다.[35] 선창자가 앞소리를 메기면, 뒷소리꾼들이 소리를 받아서 부른다. 본문에는 첫 소절만 뒷소리를 제시하고, 본 사설은 앞소리만 정리했으며, 뒷소리는 반복되는 어구에 해당하여 생략하였다. 모를 찌면서 부르는 소리는 이용식 사후에 소리를 구연할 수 있는 가창자가 없어 전승의 맥이 끊기다시피 했다.

  (앞소리) 시호(時好) 시호(時好) 시호(時好)로다
         녹음방초(綠陰芳草) 시호(時好)로다

---

33 김병구 구술, 강원희 조사.
34 강원희, 앞의 책, 127쪽.
35 강원희, 위의 책, 117쪽.

(뒷소리)   시호(時好) 시호(時好)   시호(時好)로다
            녹음방초(綠陰芳草)   시호(時好)로다

(앞소리)
어화우리 농부들아 이내말을 들어보소
정이삼월 돌아오니 처처마다 격양가요
춘삼월 호시절에 어이아니 좋을손가
강남에 연자들도 옛주인을 찾아오고
나무나무 속잎나고 가지가지 춤을추네
먼산평야 너른천지 만화방창 좋을시고
나물캐는 저아가씨 나리소리 듣기좋고
화전노래 가는모양 녹의홍상 저태도는
월중선녀 하강한듯 꽃동산이 이아닌가
오유월 당도하니 우리농부 가절일세
어화우리 농부들아 한출첨배 풍한시절
인생신고 원망마라 사농공상 생긴후에
귀중할손 농사로다 만인지 형색이요
천하지 대본이라 선비복덕 아니어든
아이먹고 못사리라 여보시오 농부님네
저건너 갈미봉에 비가묻어 들어온다
도랭이 둘러입고 기섬매로 어서가세
육칠구월 당하니 우리농부 지은곡식
오곡백곡 풍년이라 이아니 좋을손가
열매결실 돌아보니 충실하고 황금빛은

천하제일 좋은보물 이거모두 금이로다
얼씨구나 좋을시고 구시월이 좋을시고
여보시오 농부님네 추수하기 바뻐가네
시빛낙월 닥쳐오니 한풍이 소실하고
백설이 분분하니 어느누가 안추울까
우리농부 지은곡식 어느누가 안먹을까
아르아릉 고운독에 백화주를 하여놓고
떡도하고 밥도하여 소한대한 추운날에
훈훈하온 뜨슨방에 부모처자 모여앉아
시부모님 하신말쌈 아가아가 새아가야
너도어서 들어와서 오순도순 먹어보니
천만세에 농사직분 어느누가 안좋을까

3) 모심기소리

모심기소리는 못줄 없이 벌모를 심으면서 부르는 소리이다. 일정하게 줄 간격을 맞추는 모심기보다 눈의 모양을 따라 심는 벌모심기 때 농민들이 불렀다. 모심기를 하더라도 주로 올모심기 때 부르고 늦모심기 때는 별로 부르지 않았다. '아원 래래래 이여송'이라는 사설은, 임진왜란 때 조선에 구원병으로 온 명나라 장군 이여송을 가리킨다.[36] 현재까지 주로 구연되

모심기소리를 부르는 보존회원들과 농군들을 살피는 농감 오경택

는 사설은 양삼억이 구연한 내용이며, 강원희는 이용식의 사설도 정리한 바 있다.

(앞소리) 우(아)원 래래래이 이여송아 아원
(뒷소리) 우(아)원 래래래이 이여송아 아원

(앞소리)
모야모야 노랑모야 니가커서 시집가니
너도 정녕 좋으련만 만인간도 반겨한다
오뉴월에 시집을 가서 칠팔월에 열매가 맺어
구시월에 추수동장 연년재생 너로구나[37]

(앞소리)
어와우리 농부님네 손을모아 심어주소
이내소리 적다말고 일체단결 하여주소
알금살금 고운독에 쌀을삭힌 백하주는
팔모객이 유리잔에 가득부어 권주가야
모시야흰적삼 반섶안에 분통같은 저것바라
많이보면 병날기고 조그만치 보고가게
상주함창 공갈못에 연밥따는 저큰아가
연밥줄밥 내따줄게 나에품에 잠들거라
명월같은 저용모가 장부간장 다녹인다
장부장부 졸장부야 저곤이치 일반이라
소식올까 기다리도 소식이 돈절코나

---

36 강원희, 앞의 책, 133쪽 참고.
37 양삼억 구술, 강원희 조사.

사냥하는 저포수야 쏘지않고 잡을소냐
껄껄푸득 저장끼를 아니쏘고 잡을손가
오월이라 단오야에 그네뛰는 저아기씨
녹의홍상 저태도가 장부간장 다녹이네
야삼경 깊은밤에 사창을 반개하고
소식올가 기다려도 소식이 적소하다
탐화봉림 저나비야 꽃이나빌 따를소냐
물을본 저기러기 어옹을 주러할까
노총각에 거동보소 한길넘는 높은담장
선듯너머 가만가만 창전앞에 당도하여
나직나직 숨찬말로 왔어왔어 내가왔어
뒷집에 김도령이 염치불가 여기왔어
깊고깊은 야밤중에 거누구나 나를찾아
기산영수 별건곤에 소부허유 나를찾아
수양산 백이숙제 채미하지 나를찾나
상산사호 옛노인이 바둑두자 나를찾나
설중기로 맹호연이 방매차로 나를찾나
진대충유 자랑코저 중림칠현 나를찾나
서역원사 방명후가 견우직녀 찾으라고
한포로 지내면서 함께가지 나를찾나
심양추천 백낙천이 비파뜯자 나를찾나
춤잘추는 학두룸이 춤추자고 나를찾나
노래명창 노자작이 노래하자고 나를찾나[38]

모심기소리 메김소리(이용식 구연)

♪=150, 모심기소리, 채보 이소라[39]

---

38 이용식 구술, 강원희 조사.
39 예천공처농요보존회, 앞의 책, 74~75쪽.

4) 논매기소리

논매기는 아시논매기, 두벌논매기, 세벌논매기가 있다. 아시논매기는 초벌논매기를 말한다. 심은 모가 살아서 자라나고, 논에 잡초가 돋아나면 호미로 논을 맨다. 논매기를 잘하려면, 잡풀이 드러날 정도로 논물을 잡아 놓고 시작해야 한다. 앞 두렁으로부터 한 호미자락을 뜨되 왼손으로 흙을 받쳐 논둑에다 엎어놓고, 다음 자락을 떠서는 처음 떠낸 자리에 갖다 엎어서 메운다. 아시 논을 맬 때 가뭄에 대비해서 흙덩이를 전부 고르면서 논바닥을 싸바른다. 이는 노출된 흙덩이가 논물을 흡수해서 증발되는 것을 막고, 벼 벨 때 낫의 날을 보호하기 위해서다. 이렇게 농군들이 여러 날에 걸쳐 논을 매어 뒀다가 어느 정도 또 잡초가 돋아났을 때 두벌논을 맨다. 두벌논매기 때는 논물을 잡아놓고, 두 손으로 잡초와 벼 포기 사이의 피 같은 것을 완전히 뽑는다. 날이 가물어서 논물을 충분히 대지 못해 잡초가 많이 돋았을 때는 세벌논매기까지 한다. 이처럼 농군들이 논매기를 할 때 부르는 소리가 논매기소리이다. 뒷소리 후렴구는 '너호세 너호세 쾌장아 후질질 너호세'로 단순하다. 이때는 힘이 많이 들어서 숨이 차기 때문이다.[40]

공처농요보존회원들은 1985년 9월 강릉대회에 출전하기 전 풍양국민학교에서 양삼억의 앞소리를 녹음하여, 공처농요의 표본으로 삼았다. 보존회의 기록에 따르면, 당시 보존회원들에게 녹음테이프를 배부하였고, 이 소리와 비슷하게 잘 부른다고 자부하는 단원은 7월 31일까지 총무에게 신청하여 8월 1일 앞소리를 시연하고 녹음했으며, 안동대 성병희 교수에게 이 테이프를 보내 황기석, 조홍래, 양주석 세 사람을 엄선하였다.[41] 논매기소리의 기록은 이소라, 강원희, 보존회원 등을 통해 이루어졌다.

---

40 예천공처농요보존회, 앞의 책, 46~47쪽.
41 예천공처농요보존회, 위의 책, 27쪽 참고.

(1) 진사대

진사대는 긴사대의 방언으로 사대는 소리를 말하며, 논매기를 시작할 때 진사대부터 부르며 여음이 긴 것이 특징이다. 강원희의 서술에 따르면, '사대'는 '사설'이나 '소라'로 보이고, 긴 사설 또는 긴 소리로 보면 타당하리라 보며, 구술자인 이용식도 소리나 문서로 알고 있다고 한다.[42] 논매기는 계속해서 뒷 논둑에서부터 시작되는데 모심기소리의 뒷소리가 끝난 다음 잠깐 뒤, 앞소리꾼은 '자-논을

양삼억

맵시다' 하고 논매자는 신호를 하면 뒷소리꾼은 일제히 엎드리면서 '우와~이후후' 하고 소리를 하면서, 동시에 논에 들어가 논바닥을 두서너 번 손으로 젓다가 일어서면서 이어서 소리를 한다.[43] 이 진사대는 처음 시작이 뒷소리부터가 먼저이고 앞소리는 뒷소리에 이어 시작되며, 앞소리의 후렴과 뒷소리의 후렴이 각각 달라 앞소리는 앞소리대로 뒷소리는 뒷소리대로 부른다.[44]

    (일동) 우와아 이후후이후우 아하 아하에이 아아아 오워오워에에라보자 아오
    (앞소리) 아워오호 오오호우워 에헤이 아워허 어허오호 아헤이[45]

        어화우리 농부들아 이내말씀 들어보고 누구누구 모였든가
        등너머 이도령과 길건너 박도령 일등농군 다모였네 에헤에헤이요

---

42 강원희, 앞의 책, 138쪽.
43 예천공처농요보존회, 공처농요, 1995, 47쪽 참고.
44 예천공처농요보존회, 앞의 책, 49쪽 참고.
45 (일동) 우워아 이후후이후후 에헤에 아하아 아오우 우워잇 우워우워 에이에아라 아오우
    (앞소리) 아워오 오호우워 에헤이 아워어오호 아헤이

(뒷소리) 에헤에헤헤헤헤헤헤헤에 아하아아아오후
　　　　우우워이잇 우우워우에이 에라보자오우
　　　　신농씨의 농사받아 바다같은 이논빼미
　　　　모를심어 장잎이 훨훨 나갑시다 에헤에 이요[46]

(앞소리)
어화우리 농부님네 이내말을 들어보소
이내소리 적다말고 두시소리나 일신받아 하여보소 에헤에 이요
어화우리 농부님네 이내말을 들어보소
이서일곱 모초기로 사방육초 심어주소 에헤에 이요
모야모야 노랑모야 니거커서 시집을가니
너도정녕 노혼이와 만인간도 반겨한다 에헤에 이요
오뉴월에 시집가서 필말월에 열매맺어
구시월에 추수동장 년년재생 너로구나 에헤에 이요
어와세상 벗님네야 이네말을 들어보소
천지만물 건곤이치 짝을지어 살건마는 에헤에 이요
에다를사 요내몸은 끈떨어진 두병일세 야속하다
요내신세 독수공방 외로워라 에헤에 이요
서동부서 거시절에 어이그리 그리운고
원앙금침 나러놓고 야윈삼경 깊은밤에 에헤에 이요
누웠으니 잠이오나 앉았으니 님이오나

46　양삼억 구술, 강원희 조사.

임도잠도 아니오니 오내심정 둘데없네 에헤에 이요
산도섧고 물도선데 님을따라 왔건마는
임은어이 어데가고 나만홀로 웬일인고 에헤에 이요
님안미아 낭군님아 언제나 올라는가
은단풍경 근오천에 꽃을찾아 가시난가 에헤에 이요
심심산곡 은신처에 약을캐러 가시는가
춘초는 년년 녹이데 왕손은 기불기라 에헤에 이요
명사십리 해당화야 꽃진다고 설워마라
명년삼월 돌아오면 너는다시 피느니라 에헤에 이요
무정하다 우리임은 한번이별 가신후로
다시올줄 모르시네 오매불망 낭군님아 에헤에 이요
차마차마 못잊겠네 생각사록 못잊겠네
공산야월 저두견아 너난무삼 소회있어 에헤에 이요
심심산곡 국심처에 어이그리 슬피우노 느도느네[47]
짝을잃고 님그리워 슬피우나 에헤에 이요
나와나와 비교하면 피차일반 슬푸고나
새벽서리 찬바람에 울고가는 저기럭아 에헤에 이요
송중남북 해상에 편지전튼 기러기야
수벽사명 양안테에 청원을 못이기여 에헤에 이요
울고가는 기러기야 남의심회 드러다가
그리운 우리님께 전해주면 어떨소냐 에헤에 이요

---

47 너도너네

1986년 선소리에 맞춰 농요를 부르는 공처농요보존회원   1986년 농요를 부르는 공처농요보존회원

이마우에 손을얹고 우러러 쳐다보니
기러기는 간곳없고 창망한 구름속에 에헤에 이요
별가달만 밝아있네 허뿌고도 허무하다
달아달아 밝은달아 이태백이 놀던달아 에헤에 이요
우리님 가신곳에 너는정영 비치지만
나는어니 못가오며 어이하야 못보는고 에헤에 이요
어와우리 농부들아 북해상청 용왕에
호충소리 용에소리 본을따서 들판이
떠나가듯 일체단결 하여주오 에헤에 이요
여보시오 농부님네 질가는 나그네도
길못가고 서서듣고 사신행차 바쁜길오
동신없이 듣고있네 에헤에 이요
우리군정 지장네야 서로서로 옆을모아
들고남이 없게하여 반달형용 뽄을따서

1986년 논매기소리를 구연하는 양삼억과 공처농요보존회원들

일체단결 메어주소 에헤에 이요
천하제일 농사직분 천만세에 전했으니
어느누가 안좋을까 어화우리 농부들아
농사직분 들어보소 에헤에 이요
웃나라에 순임금도 역산하에 밭을갈고
한나리에 엄자룡도 간에대부 마다하고
부초산에 농사짓고 에헤에 이요
진나리에 도연명도 평택영을 버리시고
귀거래사 거르지를 고원으로 돌아와서
농사짓기 힘을 고 에헤에 이요
신라시대 허무왕도 삼한통일 하온후에
천하대본 농사법을 알뜰하게 갈쳤으니
농사대본 이아닌가 에헤에 이요[48]

논매기소리 中 진사대 메김소리(양삼억 구연)

♪=150, 채보 이소라[49]

---

48 이용식 구술, 강원희 조사.
49 예천공처농요보존회, 앞의 책, 75쪽.

(2) 짜른사대

짜른사대는 짧은 사대라는 뜻이다. 진사대 보다 짤막하게 부르는 소리이다. 일을 잘 못하는 사람을 참새처럼 여겨서 쫓아버리기도 했다. 짜른사대를 부를 때, 경연대회나 행사에서 농군 중 몇몇이 논의 양쪽 끝에 있다가 일을 제대로 하지 않고 앉아서 노닥이다가 쫓겨나는 장면이 연출된 것도 이런 풍습에 기인한다.

술두루미에서 종굴바가지로 술을 따르는 '참새' 역할

(앞소리) 에헤이이어이 얼싸아이이요
(뒷소리) 에헤이이어이 얼싸아이이요

사신행차 바쁜 길에 오호오헤에 중간참이 늦어를 간다
정월이라 보름날에 오호오헤에 망월하는 소년들아
망월도 하련마는 오호오헤에 부모봉양이 늦어를 간다
옥창앵도 붉었으니 오호오헤에 원정부지 이별일세[50]

경기도라 삼각산은 오호오헤에 한강이 둘러있고
충청도라 계룡산은 오호오헤에 백마강이 둘러있고
함경도라 백두산은 오호오헤에 두만강이 둘러있고
황해도라 구월산은 오호오헤에 세루강이 둘러있고
평안도라 묘향산은 오호오헤에 대동강이 둘러있고
전라도라 지리산은 오호오헤에 공주금강이 둘러있고
경상도라 태백산은 오호오헤에 낙동간이 둘러있고
강원도라 금강산은 세계명산 되었더라[51]

---

50 양삼억 구술, 강원희 조사.
51 이용식 구술, 강원희 조사.

논매기소리 中 짜른사대 메김소리(양삼억 구연)

♪=150, 채보 이소라[52]

---

52 예천공처농요보존회, 앞의 책, 79쪽.

(3) 어루사대

어루사대의 뒷소리는 '에 에이루사 워 디용'이라고 부르기도 하고, '에헤이루사 허 디야' 혹은 '허 디용'으로 부르기도 한다. 처음 앞소리꾼이 어떻게 소리를 내는냐에 따라서 뒷소리가 좌우된다.[53] 어루사대를 부르는 동안 논매기꾼 대열의 양쪽 끝은 앞으로 더 매어 나가고 가운데 있는 논매기꾼들은 뒤로 처진 상태로 반달형을 이루게 된다. '어루사대'는 '어루'를 '어우리다'는 뜻으로 보기도 하고, 진사대와 짜른사대에 이어 부르는 어중간한 소리로 여기기도 한다. 반달형인 대형을 이루는 연행형태나, 할 일이 거의 끝나가는데, 술이 거나하게 취해 대충대충 한다는 의미로 보는 견해도 있다.[54] 논매기의 마무리 단계에서 부르는 소리로 사설이 짧고 소리가 무척 빠르고 흥겹다.

(앞소리) 에헤이루사 워(허)디요(용)
(뒷소리) 헤이루사 워(허)디요(용)

해는지고 저문날에
춤잘추는 학두름은
춤추자고 날찾는가
술잘먹는 이태백은
술먹자고 날찾는가
말잘하는 앵무새는
말하자고 날찾는가

---

53 예천공처농요보존회, 앞의 책, 54쪽 참고.
54 예천공처농요보존회, 위의 책, 52쪽 참고. '어우리다'는 '어우르다'는 의미로 쓰인 것으로 생각되는데, 보존회에서 정리한 어감과 표현을 그대로 살려서 표기한다.

논매기소리 中 어루사대 메김소리(양삼억 구연)

♩. = 54.5 . 채보 이소라[55]

(4) 햇소리

논의 한 복판을 지나서는 앞소리꾼은 어루사대에서 바로 진햇소리로 들어가는데 소리는 흥겹고 빠르다.[56] 이때 논매기꾼은 완전한 반달형의 대형을 이루게 된다. 짜른 햇소리는 전체 논매기소리 중에서 가장 흥겹고 신나는 사대로 일꾼들은 몽두리춤을 추면서 원을 그리며 쌈을 싼다. 논매기가 끝난 후라든지, 새참을 먹기 위해 논매기꾼이 논 밖으로 나와야할 때, 진사대를 부르다가도 앞소리꾼이 유도에 따라 짜른 햇소리를 부르고서 나온다. 이때 논매기꾼들은 반달형에서 모두 일어나서 쌈을 싸듯이 원을 만들며, 발로는 논바닥을 휘휘 저으면서 논을 매고, 몽두리춤을 추면서 앞으로 조여들다가 두리뭉실하게 대형을 마무리

---

55 예천공처농요보존회, 앞의 책, 80쪽 참고.
56 예천공처농요보존회, 위의 책, 54쪽 참고.

진햇소리 　　　　　　　　　　　　　짜른 햇소리

짓고 소리를 끝마친다. 뒷소리는 '옹헤야, 엉헤야, 어헤야' 등 소리나는 대로 부른다. 상쇠는 논을 매다가 진햇소리를 할 때 먼저 논둑에 나와서 소리에 맞추어 흥을 돋우며 농악대가 뒤를 따른다. 소리가 끝나면 논매기꾼이 논둑으로 나오는 가락을 치는데 이때 논매기꾼은 벼 포기를 밟지 않고 계속 몽두리춤을 추면서 논 밖으로 나와 도랭이 삿갓 등 각자의 장비를 챙겨서 집으로 돌아갈 준비를 한다.[57]

(4-1) 진 햇소리

(앞소리)	(뒷소리)
옹헤	옹헤
에이오헤야	에이오헤야
해는지고 저문날에	에이오헤야
우리할일 태산일세	에이오헤야
매악산아 황금산아	에이오헤야

57　예천공처농요보존회, 앞의 책, 57쪽 참고.

지는해를 잡아다고   에이오헤야
남은일은 다해보세   에이오헤야

(4-2) 짜른 햇소리

(앞소리)	(뒷소리)
옹헤야	옹헤야
어서어서 쌈을싸네	옹헤야
예천아 군수는	옹헤야
부루쌈(상추쌈) 싸고	옹헤야
상주의 목사는	옹헤야
천엽쌈 싸고	옹헤야
안동의 부사는	옹헤야
건다래쌈으로	옹헤야
얼씨구나	옹헤야
잘도한다	옹헤야
옹헤	옹헤야

햇소리 메김소리(양삼억 구연)

♩. = 55, 채보 이소라[58]

---

58 예천공처농요보존회, 앞의 책, 81쪽 참고.

5) 걸채소리

일꾼들을 동원해서 논을 다 맨 날은 머슴들의 날이다. 이날 이후로 머슴들은 물꼬나 보고, 멍석을 만들거나, 봉새기, 소쿠리 등을 만들다가, 가을이 되면 나락을 베기만 하면 된다.[59] 그 기쁨을 표현하듯이 논을 다 매고 집으로 돌아오면서 부르는 걸채소리는 상머슴을 사또로 삼아 걸채에 태우고 젖머슴은 지게걸채에 태워 흥겹게 돌아오며 부르는 소리이다.[60] 논에서 나올 때는 농악에 알맞은 몽두리춤을 추면서 나와 짚신을 신고는 도랭이, 삿갓, 버들가지를 챙긴다. 상머슴은 삿갓의 가장자리가 하늘로 향하도록 뒤집어쓰고 날아가지 않도록 미사리끈으로 턱에 고정시키고는 걸채 위에 끈을 잡고 일어서고, 댕기머리를 한 젖머슴이 지게걸채에 걸터앉았다가 일어서면 농악이 그친다.[61]

걸채는 소 등에 길마를 얹고, 그 위에 얹어서 볏단이나 보릿단 등을 실을 수 있도록 만든 농기구이다. 지게걸채는 바소거리(발채)를 제거한 지게를 등태가 위로 올라오게 하고, 지게목발에 두 사람, 지게작대기에 두 사람씩 멜 수 있게 만든 것이다. 걸채소리 사설에 나오는 인물들은 중국의 옛 선인이거나 시인이나 묵객들로, 그들이 평소 즐겨 타고 놀았다는 장면만 들추어 오늘만은 머슴들도 그들처럼 멋지게 놀아보자는 의미를 담고 있다. 걸채소리를 하면서 농군들은 나일론 줄로 만들어 놓은 논둑을 한 바퀴 도는데, 이 소리를 두 번 부르면 처음 출발한 원지점에 알맞게 도달한다. 두 번째 부를 때는 술령수는 부르지 않고 '영척은'으로 바로 들어간다.[62]

---

59 예천공처농요보존회, 앞의 책, 57쪽 참고.
60 강원희, 앞의 책, 144쪽 참고.
61 예천공처농요보존회, 위의 책, 58쪽.
62 예천공처농요보존회, 위의 책, 61쪽.

걸채를 탄 상머슴

지게걸채에 탄 젖머슴

(앞소리꾼) 술령수

(일동) 예!

(앞소리꾼) 예천군 풍양면 공처마실에 사또가 났으니 잘 모시렸다!

(일동) 예!

(앞소리)	(뒷소리)
옹헤야	옹헤야
영척은	옹헤야
소를타고	옹헤야
맹호연은	옹헤야
나귀를 타고	옹헤야
이태백은	옹헤야
고래를 타고	옹헤야
적송자는	옹헤야

학을타고	옹헤야
일대장강	옹헤야
일엽편주	옹헤야
올라를타고	옹헤야
만경창파	옹헤야
나귀타고	옹헤야
깊은물에	옹헤야
둥기둥실	옹헤야
노니는데	옹헤야
우리고을	옹헤야
사또님은	옹헤야
걸채를타고	옹헤야
놀아보세	옹헤야

걸채소리 메김소리(황기석 구연)

♩. = 55, 채보 이소라[63]

---

63 예천공처농요보존회, 앞의 책, 82쪽.

6) 타작소리(잘개질소리)

잘개질은 이삭을 떨어내는 것을 말한다. 먼저 익은 벼나 보리를 낫으로 베어서 논지에 깔아서 말리거나 단으로 묶어서 세워두어 건조한다. 건조된 것을 집 마당으로 가져와 노적가리로 두었다가, 쳇돌에다 잘개질을 하며 타작을 한다.[64] 잘개질소리(자리개질소리)의 사설은 다섯 마디로 구성되어 있고, 일꾼들은 이를 되풀이하면서 부른다. 볏단이나 보릿단 등을 쳇돌에 자리개로 이삭을 떨어내며 부르는데 '보우세'는 이삭이 붙어 있는지 잘 보자는 뜻이고 다섯 마디정도 노래를 부르면 이삭이 거의 다 떨어진다.[65] 걸채를 타고 한 바퀴 돌고, 처음 등장할 때와 같은 자리에 이르면 상쇠의 신호에 의하여 입장할 때와 같은 방법으로 삿갓과 소품을 놔둔다. 농악이 울리는 동안, 단원은 몽두리춤을 추면서 타작 마당으로 들어간다. 마당 구석에 쌓아둔 볏단을 한 단씩 들고 쳇돌 앞에 한두 사람씩 선다. 앞소리꾼이 "자 잘개질 합시다"하고 단을 잘개에 걸어서 잘개질 한 준비를 마치면 앞소리꾼이 "넘어간다" 하고 외친다. 앞소리꾼과 뒷소리꾼이 다같이 "해이여 보우세 해이야 보우세 해이야 보우세~"하면서 소리를 한다. 잘개질소리의 사설은 다섯 마디이며, 이 소리를 계속 되풀이하면서 타작을 하는 셈이다.[66] 이 타작소리에 맞춰 주인도, 곰방대를 흔들며 같이 춤추며 추수의 기쁨을 누린다.

공처농요보존회 황기석

---

64 예천공처농요보존회, 앞의 책, 64쪽 참고.
65 강원희, 앞의 책, 145쪽.
66 예천공처농요보존회, 위의 책, 62쪽.

(앞소리)	넘어간다 훼이야		(모두)	보우세 훼이야
(모두)	보우세 훼이야		(모두)	보우세 훼이야
(모두)	보우세 훼이야		(앞소리)	보우세 떠나간다
(앞소리)	걸었나		(뒷소리)	걸었다
(앞소리)	헤이야		(모두)	보우세 훼이야
(모두)	보우세 훼이야		(모두)	보우세 훼이야
(모두)	보우세 훼이야		(앞소리)	떠나간다[67]

타작소리 메김소리(황기석 구연)

♩. = 60, 채보 이소라[68]

---

67 황기석 구술, 강원희 조사.
68 예천공처농요보존회, 앞의 책, 83쪽.

7) 치나칭칭(칭칭이)

칭칭이는 풋굿 등 마을 축제 때나 환갑 등 좋은 일이 있을 때만 부르는 소리이다. 가사는 앞소리꾼의 임기응변과 기지로 자유자재로 부른다. '치나칭칭나네' 하는 뒷소리를 먼저 부르는 방식으로 앞소리를 메긴다. 타작하던 농부들은 농악대 뒤를 따라가면서 뒷소리를 하며 춤춘다. 선두가 맨 앞에 둔 장비에 도달하여 챙기면, 나머지 사람들도 순서대로 장비를 챙기면서 소리를 한다. 칭칭이소리는 길게 부르는 소리와 짧게 부르는 소리로 구별하여 부른다.[69]

(앞소리)	(뒷소리)
치나칭칭나네	치나칭칭나네
때는좋다 구시월에	치나칭칭나네
오곡백곡 풍년들어	치나칭칭나네
황금들판 이루었네	치나칭칭나네
낙동강 줄기따라	치나칭칭나네
삼봉산 정기받은	치나칭칭나네
우리마실 다모였네	치나칭칭나네
들어보소 들어보소	치나칭칭나네
경상도 예천땅에	치나칭칭나네
공처농요 들어보소	치나칭칭나네
오백년 전통지닌	치나칭칭나네
우리소리 들어보소	치나칭칭나네

---

69 예천공처농요보존회, 앞의 책, 64쪽 참고.

조홍래

상쇠 유경희와 공처마을 농악

우리농요 소리에는	치나칭칭나네
고저장단이 특색이라	치나칭칭나네
장단맞춰 소리하자	치나칭칭나네
이소리가 얼마나좋아	치나칭칭나네
흥이나서 춤을추네	치나칭칭나네
여기모인 군정들아	치나칭칭나네
이소리를 귀담아서	치나칭칭나네
자자손손 이어주세	치나칭칭나네
전통있는 공처농요	치나칭칭나네
천년만연 이어주세	치나칭칭나네
이히여	이히여[70]

---

70 조홍래 구술, 강원희 조사.

3. 농요의 발굴과 전승[71]

1) 농요의 발굴

공처마을 선소리꾼의 계보는 조형제(1889~1962)로부터 기진섭(1887~1948), 다음 박성천(1885~1936), 양삼억(1910~1990)으로 이어졌다. 양삼억의 선소리를 1989년부터 황기석黃基錫(1941년생, 남, 토착민)이 계승하다가 현재 회장 양주석과 단원들이 농요를 전승하고 있다. 경연대회 출전이 농요의 맥을 이어갈 계승자를 발굴하는 데 영향을 미쳤다. 1992년 구미시 경연을 위해 오경택, 조홍래, 유영록, 양주석 등이 연습을 하여 앞소리꾼으로서 역량을 키웠다.[72] 흥미롭게도 공처농요의 재현은 통명농요의 부흥과도 연관이 깊다. 1979년 제20회 전국민속예술경연대회에서 예천통명농요가 대통령상을 수상했다. 이에 따라 예천지역 곳곳에서 농요와 민속에 대한 발굴과 대회에 나갈 수 있는 방법에 대한 문의가 있었다.[73] 특히 당시 면장이던 모암 손의원이 구심점 역할을 했다.

> (전략) 농요 가사 중 모심기소리는 타 지방과 대동소이하나 논매기소리의 창법은 물론, 가사 내용도 타지방과 유사성이 별로 없으며 문헌으로서의 전수가 아니라 구전에서 구전으로 불려 왔기 때문에 일정한 체계가 없이 가사 내용은 그때그때 창자 나름대로 불러왔다고 한다. 그러므로 지방 원로들을 대상으로 가사탐색수집에 전력하여 고전농요라면 수일언일구라도 소중히하여 가위 긁어 모으듯이 하여 수 편의 가사를 수집하였다. 그리하여 원래 창법이 능숙한 2~3인이 주축이 되어 후배양성을 사명으로 심력을 다하고 있다.

---

71 본문에 제시한 공처농요 내용은 필자가 양주석과의 면담 내용과 보존회에서 발행한 자료집을 토대로 재구성하였음을 밝힌다.
72 예천공처농요보존회, 앞의 책, 17쪽 참고.
73 강원희, 앞의 책, 115쪽 참고.

1982년 5월 5일 모암 손의원[74]

　공처농요는 풍양면 노인회원들이 모여 복원한 것이다. 1980년 12월 초 과거 풍양면장을 역임한 바 있는 손의원을 비롯하여 양삼억, 이용식, 최명옥 등 6~7인이 '농요발굴발기인회'를 만들었다. 그리고 당시 농요를 잘 불렀던 조억암, 이명준, 이용식, 양삼억 등에게 소리를 하게 해서 약 10개월에 걸쳐 가사를 정리하고, 재현했다. 이웃마을의 노인들에게도 자문을 받아 농요를 복원했다. 1980년 12월 양삼억, 이용식, 최명옥 등 동지 6~7인과 더불어 농요 발굴을 위한 창단 발기회를 가졌다. 손의원이 주축이 되어 공처를 중심으로 한 지방 촌로들을 대상으로 약 10개월에 걸쳐 가사 수집과 고증 탐색 등 자료 수집을 하였다.[75] 1981년 11월에 농요보존회 가입에 찬동하고, 가입금 일만 원씩 갹출한 21명과 가창할 수 있는 30명을 규합하여 결단식을 올리고, 소리 연습에 들어갔다.[76]

　단원 중 50세 이하는 집합 연습 등 참여에 극히 소극적이었고, 그중에서도 부인들의 적극적인 반대에 부딪혔다. 그 이유는 모여서 소리 연습을 하다보니 일손 부족현상이 현저하고, 음주해서 귀가하니 농사를 등한시하는 경향이 있다하여 반대 아닌 반대가 심각하여 이를 설득시키기 위한 그 고충이 여간 아니었다. 또 친지들로부터 충고의 비난도 받았다. "80고개를 넘나보는 원로인사로서 과거 면장까지 지내신 분으로 이 무슨 망령이냐?"고 서슴없는 면박도 받았다. 연습을 위해 마을회관을 사용하니 야간 또는 동절에는 석유를 사용해야 하고, 연습에 필수적인 탁주 한 사발씩, 경우에 따라서는 라면 한 봉지씩이라도 대접해야 해서 경비 문제로 애로사항이 많았다. 그러나 보존회원의 협조로 이를 충당할 수 있었다. 1982년 1월 한국문화예술진흥원에 있는 손극행이 공처마을로 내방하였다. 1983년 초여름

74　예천공처농요보존회, 앞의 책, 20쪽.
75　예천공처농요보존회, 위의 책, 17쪽.
76　예천공처농요보존회, 위의 책, 21쪽 참고.

에는 문화공보부 문화재전문위원인 이소라가 찾아와 논매기 현장을 녹화하고 기록 정리하면서 학계에 공처농요가 알려지게 되었다.[77] 1983년 10월 제24회 전국민속예술경연대회가 열린 안동에서 당시 경북 문화재위원이던 김택규, 권영철, 성병희에게 예천 풍양의 농요를 설명하고, 자체조사와 전국대회 출연 기회를 엿보았다. 1983년부터 이듬해까지 농요를 연습하여 예천문화제 때 출연했고, 1984년 예천문화제 행사에서 찬조출연을 하고 통명농요의 각종 장비를 빌려 공처농요 단원들이 시연을 하였다.[78] 이처럼 공처농요의 전승에 있어서, 공처마을 주민들과 농요단원들의 협조가 가장 중요한 몫을 차지했다. 주민들의 참여를 장려하는 데 있어서, 공처농요의 예능보유자와 보존회장들도 핵심적인 역할을 수행했다.

역대 예능보유자와 보존회장 (제17회 예천공처농요 정기발표회 리플릿)

2) 경연대회 출전과 연행의 재구성

공처농요를 전승하던 사람들은 1985년 제26회 전국민속예술경연대회에 민요 부문 경북 대표팀으로 참여했다. 예천군청 문화공보실과 상의하고 연습과 출전(4월부터 9월까지)에 따른 제반 준비상황과 연습 지도를 하면서 예천군 담당자와 현지 단원들이 협의 과정을 거쳤

---

77 이소라는 1984년 및 1985년에 현지조사를 했으며, 경북 공처 농요는 이소라의 저서 한국의 농요에 소개되었다.(이소라, 『한국의 농요』 제1권, 129~147쪽)
78 강원희, 앞의 책, 116쪽 참고.

다.[79] 강원희에 따르면, 1985년 봄(4월 말) 공처마을 현지를 찾아 본격적인 연습에 임했다. 모심기, 논매기, 걸채소리까지 부르면서 농사의 과정을 재연했다.[80] 30여 명이 그간 들판에서 해오던 내용을 연습하면서, 어른들과 많은 대화를 가지게 되었다. 여기서 강원희는 예천통명농요와 차별성을 가지고자 여러 방면에 걸쳐 본격적으로 조사하고 채록에 들어갔다.[81]

  1985년 전국민속예술경연대회 출전을 위해 소리꾼을 충원했다. 30명의 단원이 공설운동장에 들어서면 하잘 것 없이 보일까봐 50명으로 인원수를 늘렸다. 조부에 손자까지 동원하여 주민들로 구성된 단일팀을 구성했다. 그리하여 그 해 9월 19일 강원도 강릉에서 열렸던 제26회 전국민속예술경연대회에서 민요부문의 우수상인 문화공보부장관상을 수상하게 되었다.[82] 이런 정황과 관련하여 1986년 12월 모암慕嚴 손의원孫懿遠이 쓴 글을 제시하면 다음과 같다.

  우리는 5년이란 긴 세월 동안 오늘을 위해서 심력을 다해 왔다. 5년 동안에 겪은 곡절도 많았다. 단원규합 문제며, 적극 반대에 나선 부인들의 설득 문제며, 경비난에서 오는 충격들이 매우 컸다. 특히 83년에 와서 천신만고로 계획된 농요단원의 사기진작을 위한 서울 KBS 방송국 출연계획은 방송국의 경비 사정으로 일조에 무산되어 일시적이나마 실의에 빠져 의욕도 희망도 좌절되었던 것이다. 그러나 그 때 단원들은 이구동성으로 "손 면장님, 이용식 씨 두 분의 열성에 감복해서 감히 포기를 못하겠다."는 말은 본인에게 크나큰 용기를 주었던 것이었다. (중략) 1986년에, 농요의 보존과 발전을 위해서는 다소의 기금이나마 없어서는 안 될 절실한 사정임은 재언의 여지도 없었다. 이런 애로를 해소하기 위하여 전래의 풍습인

---

79 강원희, 앞의 책, 116쪽 참고.
80 강원희는 이와 관련하여 "여기까지는 예천통명농요와 별로 차이가 나질 않고 논농사 그대로 재연이고, 소리가 다르다는 것 뿐, 보고 듣는 이로 하여금 시각적·청각적인 면에서 두드러진 것이 없었다."고 서술한 바 있다. (강원희, 위의 책, 116쪽 참고)
81 강원희, 위의 책, 116~117쪽.
82 예천공처농요보존회, 앞의 책, 22쪽 참고.

정월 대보름을 기하여 풍양면 일원을 대상으로 농요단원을 동원하여 지신밟기, 성주축원 등의 농악놀이로 축호방문을 했다. 심지어 어떤 마을은 방문 없이도 모금해서 가져오는 등, 상상 외로 면민의 호응도가 좋아 단시일에 약 400만 원의 거금이 모였었다. 이와 같은 결과는 농요를 깊이 이해함은 물론, 영구보존사업에 적극 참여한다는 심정의 소치라 여겨졌다. 그리고 특기해야 할 사실은 우리 공처농요가 1986년 12월 10일부로 대망의 경상북도 무형문화재 제10호로 지정이 되었고, 양삼억 씨가 기능보유자로 인정되었다는 사실이다. 이것은 곧 우리 공처만의 자랑이 아니라, 예천의 자랑이며 경북의 자랑이겠다. 이는 500년 전 우리 조상님들이 우리 공처농요의 시조가 된다면 오늘의 우리는 농요의 중시조가 되는 것입니다. 위로는 조상님들의 거룩한 뜻을 받드는 것이요, 아래로는 자손만대에 귀중한 유산을 물려주는 것이니 우리는 누구에게도 부끄러울 것이 없다. 우리 농요보존회원 여러분! 우리 농요단원 여러분! 농요의 발전을 위해서 더욱 더욱 과감히 전진합시다.[83]

1985년 4월부터 9월까지 연습기간 중 박응규 군수, 윤우영 부군수를 위시하여 이보형 문화재 전문위원, 최종민 정신문화원 연구실장, 안동대학교 성병희 교수 등이 공처마을에 내방하였다. 58일간에 걸친 연습 끝에 9월 19일의 강릉대회에 참가하여 문화공보부장관상을 수상했다. 이후 예천문화제, 서울 대학로, 서울 호암아트홀, 서울 삼성물산, 1991년 10월 3일에는 대전 공설운동장에서 개최된 제1회 대전직할시 민속예술경연대회에 초청되어 식전 공개시연을 하는 등, 대외적인 행사에 참가하여 찬조출연을 했다. 1992년 9월 23일 구미시에서 개최되는 제35회 전국민속예술경연대회에 경상북도 대표로 출전했다. 1992년 5월 말부터 부회장, 총무, 기능보유자와 대통령상 수상을 목표로 대회출전을 계획했다. 예천군 공보실을 통해 출전 확정 통보를 받고 먼저 인원(단원)확보에 나섰다. 기성 단원 중 일부는 작고하였거나, 노쇠했거나, 출향한 상황이어서, 50인 이상으로 인원을 보충하기에는

---

83 예천공처농요보존회, 앞의 책, 24쪽.

마을 사람만으로는 한계가 있었다. 그래서 공덕 1, 2, 3리에서 인원을 충원했다. 인근 마을에 사는 사람으로 농사를 잘 짓고, 소리에도 소질이 있는 사람들을 설득해서 영입하여 총 54명이 출연을 확정했다.[84] 이때 가장 문제가 되었던 것은 경연 시간에 맞춰 연행텍스트를 재정비하는 일이었다.

> 1985년 강릉대회 때는 경연 소요시간 30분의 제한시간으로 '모심기', '논매기', '걸채', '타작' 소리의 4가지로서 경연했지만, 이번 구미대회에서는 40분이 주어졌다. 원래 민속이란 어떤 특정지역에서 자생하는 것으로, 남이야 알아주든 말든 의식 없이 그 곳에서 발생하여 세월이 흐름에 따라 명멸되는 것인데 운이 좋으면 첨삭되고, 나름대로 다듬어져서 명맥이 이어지는 것으로 알고 있다. 민속이 이러할진대, 우리는 민요부문인 만큼, 어떤 농요로 40분간을 할 것인가? 물론 주된 부분은 '논매기소리'이다. 이곳에는 여러 가지 농요가 있고, 여기에 수반되는 도구라든가 행동 등이 다양하므로 어떻게 할 것인가? 망설여지지 않을 수가 없다. 40분간의 제한된 시간 내에, 심사위원이 있고, 수많은 관람자가 지켜보는 가운데 더군다나 전국으로 TV가 생중계되는 현실에서 지루하지 않게 소리도 잘 불러야 하지마는 모두가 일류 배우, 일류 탤런트가 되어야 하는 입장이다.[85]

주민들은 교수들의 자문을 받아 농요의 경연 내용과 순서를 확정하였다. 경연대회 출전을 계기로 주민들은 공처농요의 소리와 몸짓을 비롯한 연행내용을 정립하였다. 1985년 9월 강릉대회에 출연하기 전 풍양국민학교에서 양삼억이 앞소리를 하고, 단원들이 뒷소리를 한 연습 실황을 녹음해 두었는데, 그 소리를 공처농요의 표본으로 삼았다. 이 소리를 복제해서 각 단원에게 녹음테이프를 배포하고 숙달하도록 했다. 그해 8월 1일 앞소리에 황기석,

---

84 예천공처농요보존회, 앞의 책, 25쪽 참고.
85 예천공처농요보존회, 위의 책, 26쪽.

후보에 조홍래, 다음으로 양주석을 숙련된 앞소리꾼으로 선발했다. 주민들은 농요를 부를 때 해야 할 동작과 주의해야 할 사항들을 적은 '행동지침서'를 마련하여 단원에게 배포하고 숙지하도록 했다. 그 내용을 구체적으로 제시하면 다음과 같다.[86]

농요 출연 시 숙지 및 준수사항

(1) 공처농요 출연(出演)은 옛날 그대로를 재현(再現)하는 만큼 신발 의복에 신경써야 하고 내의(內衣)는 노출 되지 않도록 하며 담배와 시계는 절대 휴대하지 말아야 한다.
(2) 출연 회원은 모두 일류 배우, 일류 탤런트가 되었다고 자부할 수 있을 정도로 숙달되도록 노력한다.
(3) 상투를 만질 때는 상투올이 시계 줄 같은 것에 걸리지 않도록 각별히 주의한다.
(4) 모든 춤은 우러나오는 춤으로 주위의 구경꾼들이 충동을 받아 뛰어 들어올 정도로 추어야 한다.
(5) 집합 꽹과리를 치면 회원은 어디서 무얼하고 있던 간에 신속히 상쇠를 향하여 2열 종대로 집합한다.
(6) 뒷바라지하는 회원은 사전에 전과정을 숙지(熟知)하고 진행에 차질이 없도록 모든 것을 점검하여야 한다. (특히 회장단)
(7) 단원은 각자의 소지품과 장비를 점검하고 만일 결손(缺損)이 생겼으면 될 수 있는 한 자력으로 보수하되 불가능한 것은 사전에 회장단에 연락하여야 한다.
(8) 출연 기간 중에는 내내 웃음을 잃지 말아야 하며 마주 보며 웃으며 추는 춤은 보기도 좋다. 소리 이외의 잡담은 금한다. 단 참새 두 사람은 쫓겨날 때만 필요한 말을 하고 심한 성을 낸다.
(9) 출연 기간 중 절하는 것이 3번인데 매번 상체를 90도 이상 굽힌다.
(10) 입장해서 인사한 뒤 모심을 때까지 충분한 시간이 있으니 풍물소리도 잘 듣고 좌우를 곁눈질해 가며 자기가 심어나갈 눈금 앞에 선다.
(11) 모심고 일어서다가, 또는 소리하다가 떨어뜨린 모는 줍지 말고, 반드시 엎드릴 때 줏을 것이며, 모심은 뒤 줄이 틀렸거나 간격이 안 맞았거나 누은 모포기는 뒷일꾼들이 바로 잡겠지만, 서서 소리할 때 잘 보아 두었다가 엎드릴 때 고친다.
(12) 모심을 때나 논맬 때 처음엔 항상 양 발이 적의(適宜) 벌려진 상태에서 한발이 나와 있고, 앞소리가 시작되면 일제히 엎드리고 자세를 낮추어서(앞발과 뒷발 즉, 양발 사이를 멀리하면 됨) 고개를 들거나 일어서지 말 것이며 앞소리가 끝나자마자 일제히 일어섬과 동시에 같이 소리를 한다.

---

86 농요 출연 시 숙지 및 준수사항 20항목은 예천공처농요보존회에서 제시한 자료집 68~69쪽에 적힌 내용을 그대로 서술함.

(13) 모심기 및 진사대와 짜른사대의 마지막 뒷소리를 하기 위하여 일어설 때 짝수만 논둑으로 나와 돌아서서 마주보며 소리한다.
(14) 처음 논매러 들어갈 때 반드시 '이후후 이후후' 할 것이며 다음에는 엎드릴 때마다 일제히 '어추야' 한다.
(15) 타작하러 들어갈 때도 장비는 처음 입장 때와 같은 방법으로 놓아야 한다.
(16) 타작할 때 단은 '보우세' 순간에는 챗돌에서 떨어지게 들어서 흔들지 말고 어디까지나 챗돌에 묻힌 상태에서 자리개를 좌우로 굴리면서 보아야 하고 '나간다'에 내보내는 시늉을, '걸었나?'에 거는 시늉을 한다.
(17) 타작할 때의 짚단이나, 퇴장하기 직전 삿갓을 위로 던지는 것은 즉시 올리지 말고, 올릴 준비를 한 다음(1박자) 짚단은 오른쪽 어깨너머로, 삿갓은 바로) 위로 올릴 수 있는 데까지 높이 올린다.
(18) 칭칭이가 시작되면 누구든 간에 풍물꾼 끝 가까이에 있던 단원이 풍물 끝에 바짝 따라 붙는다.
(19) 칭칭이춤은 소위 '양반춤'으로 딴 춤과 구별할 것이며 빠른 칭칭이 때는 자유자재로 친다.
(20) 칭칭이가 끝날 무렵 풍물 뒤에 따라온 단원부터 속히 앞의 장비를 내것 네것 찾지 말고 먼저 들고, 이어 차례로 장비를 챙기면서 칭칭이를 한다.

이처럼 1930년대까지 들녘에서 부르다가 잊혀져간 공처농요는 1980년대 손의원 면장과 양삼억, 이용식 등 선소리꾼의 노력으로 복원되었다. 입장에서부터 농요를 다 부르고 나올 때까지 전 장면을 펼치는데, 출전에 소요되는 시간은 약 36분이다. 경연대회에는 민요부문으로 출전하였다. 모를 심으면서 부르는 모심기소리, 두 벌 논맬 때 부르는 논매기소리, 논을 매고 집으로 돌아가면서 부르는 걸채 타는 소리, 벼나 보리를 베어 말려서 단으로 묶어 노적가리로 두었다가 적당한 기회에 잘개질하며 부르는 타작소리, 풋굿매기나 길사 때 부르는 칭칭이 등으로 농요를 구성하여 출전했다.[87] 단원들은 논에 들어서면서 짚으로 모 16포기씩으로 묶어놓은 모 한 줄씩을 집어든다. 앞소리꾼이 "자~ 모를 심읍시다" 하고 이어서 후렴을 내면, 단원들이 모를 심을 위치에 들어선다. 앞소리를 할 때마다 모 4포기를 1미터 간격으로 한 줄로 심는데, 뒷소리를 받을 때는 모를 심지 않고 양팔을 전후좌우로 흔들면서

---

87 예천공처농요보존회, 앞의 책, 43쪽 참고.

소리를 모으는 데 힘썼다.[88]

농요를 부를 때는 농악이 수반되기 마련이다. 경연대회나 행사장에서 농요를 연행할 때는 이에 맞는 농악의 형식을 갖춘다. 예컨대 입장에 알맞은 꽹과리의 두마치 장단을 치면서 농기 및 농기를 앞세우고 상쇠 등 농악, 농요 단원, 모와 걸채를 진 지게꾼, 맨 뒤에는 농감의 순으로 입장하는데 단원은 2열로 가다가 논둑길(줄 친 금 밖)에 들어서면서부터는 한 줄로 '앞으로 나란히'형의 간격으로 걸어갔다.[89] 농민들은 삿갓춤을 추거나 서로 마주보거나 때로는 돌아서 내빈을 향해 웃으면서, 즉흥적으로 춤을 추었다.

한편, 논을 만드는 두 사람은 먼저 들어가 논의 위치를 잘 선정하여 모심기꾼이 논둑에 들어서기 전 논을 만들어야 하고, 모잽이와 걸채를 진 지게꾼 등 뒷바라지 하는 단원은 뒤에서 같이 출발하는데, 이때 다음 진행에 차질이 없도록 만반의 준비를 한다. 경연대회나 행사는 실제 논에서 연행되는 것이 아니기 때문에 인조모를 사용하고 모판을 구성하는 등 재현을 위한 소품이 필요하다. 그래서 모심기 시작 전에 모심는 '논'을 마련하고, 모형 모도 사전에 논 가운데 놓아둔다. 이런 준비를 마친 후에 농요기수 및 농기수가 등장한다. 상쇠 앞에 가던 농기수는 곧장 논둑길로 가서 앞 논둑 끝부분에서 2미터 더 나아가서 선다. 농요기수는 논둑길에 들어서기 전의 2미터 위치에 선다. 서로 인사가 끝나면 두 기수는 뒷 논귀로 가서 앞에서와 같은 위치에서 깃대를 세운다. 이 기수들이 서있는 반경이 바로 논바닥의 넓이이다. 기수들은 기를 깃발이 펄럭이도록 흔들면서 칭칭이를 마칠 때까지 계속 서 있게 되는데, 이들도 농요를 부를 때는 같이 소리한다.[90]

모심기꾼이 앞 논두렁에 모두 들어서게 되었을 때 (본부의 중앙정도) 본부석 쪽으로 약간 나서서 더 가지말라는 신호의 쇠를 친다. 단원은 제자리에서 앞 사람과의 거리를 조정한다.

---

88 예천공처농요보존회, 앞의 책, 44쪽 참고.
89 예천공처농요보존회, 위의 책, 29쪽.
90 예천공처농요보존회, 위의 책, 29~30쪽.

이어서 곧 상쇠는 단원이 본부를 향할 수 있도록 쇠가락을 낸다. 상쇠의 역할은 단원들이 인사를 하거나, 도롱이 등 소품을 쥐거나, 놓을 수 있도록, 쇠가락으로 신호를 주면서 진두지휘 하는 것이다. 단원은 도롱이를 벗어 안으로 반을 접어서 자기 발 앞에 둔다. 도롱이 윗부분을 가던 쪽으로 놓고, 끈은 자기 몸쪽으로 해서 놓는다. 그 위에 삿갓을 두고, 버들가지는 삿갓 왼쪽으로 놓고, 신은 도롱이 끈 앞에 가지런히 벗어 놓는다. 이어 적삼 소매와 바지를 걷어 올리고, 논에 모를 심으러 들어선다.[91] 논은 1미터 간격마다 알아볼 수 있도록 천으로 눈금을 표시한 나일론 줄로 눈금을 기준으로 모를 심을 수 있도록 직사각형 또는 정사각형의 규격으로 만든다.

   논이 아닌 장소에서 농요를 부르는 게 되면서, 농요의 연행상황을 재현하게 되자, 극적인 장면들이 연출되기도 했다. 이를테면 먼저 출연자들끼리 역할을 분담하고, 그 역할의 지위와 성격에 맞는 행위를 마치 연기를 하듯 표현하기도 했다. 예컨대 농감은 마을에 머슴을 두세 명 둘 정도로 농토를 많이 가진 부자로 양반 행세를 했는데, 논의 주인으로서 곰방대를 들고다니며 농군들을 부리는 시늉을 했다.

짜른사대를 부르는 동안에는 이 농감이 논둑으로 돌아다니다가 소리도 잘 못 부르고, 논도 잘 못 매는 논매기꾼을 걸러냈다. 이들은 '참새'라고 불렸다. 뒷일을 하거나 쓰러진 벼를 일으키던 상쇠를 시켜서 "소리도 못하고 논도 못 매고 음식만 축내는 것들을 쫓아내라"고 고함을 치면 상쇠가, 이들을 논 밖으로 밀어낸다. 참새는 내가 뭘 잘못했느냐고 하면서 쫓겨가다가 마침 술두루미를 발견하고

짜른사대 연행 중인 공처농요보존회원들
(출처 공처농요보존회)

---

91 예천공처농요보존회, 앞의 책, 29쪽.

는 앞 논둑에 앉아서 홧김에 두루미의 술을 종굴바가지로 서로 권하다가 나중에는 술두루미채로 들이키고는 술주정을 하면서 집으로 가는 시늉을 한다.[92] 열심히 일하는 농군들 사이에 게으름을 피우는 이들을 잡아내거나, 양반행세를 하는 농감과 뒷바라지를 하는 상쇠, 농감과 실갱이하다가 술을 마시고 귀가하는 모습 등은, 농민의 일상이 연상되도록 극적인 상황들을 만들어낸 것이다.

제33회 전국민속예술경연대회
타작소리 연행장면
(출처 공처농요보존회)

사실 논을 맬 때 아시논매기나 두벌논매기 또는 세벌논매기 건 관계없이 한 번 매어 나가면 그만이다. 그런데 농요로 경연대회 출전을 할 때는 사대를 구별하기 위해, 또 지루함을 덜기 위해 논매기꾼은 진사대의 마지막 앞소리가 끝날 때까지는 앞 논둑까지 매고, 뒷소리를 할 때 홀수는 논둑에 나와서 돌아서고, 짝수는 논에 그냥 서서 서로 마주 보며 소리를 한다. 앞소리가 짜른사대를 부를 때에 모두 논에 들어서서 다시 뒷 논둑을 향해서 매어 나간다. 역시 이 사대에서 뒷둑까지 매고 짝수 홀수 같은 방법으로 행동한다. 다음, 어루사대와 햇소리로서 앞둑까지 다 맨다.[93]

제33회 전국민속예술경연대회
걸채를 탄 상머슴
(출처 공처농요보존회)

---

92 예천공처농요보존회, 앞의 책, 51쪽 참고.

논을 매는 순서나 소리를 하는 방식을 출연자들끼리 약속을 하고[94] 진행해야 정해진 시간 내에 외부인을 위한 볼거리로서 농요를 선보이는 것이 가능하다.

타작을 하거나 칭칭이소리를 하는 것도 순서에 맞게 질서정연하게 펼쳐진다. 마당 복판에는 즉, 잘개질하는 챗돌 앞에는 갈구리(갈고랑이)질, 비질, 종가래질, 키질을 한 사람씩 한다. 뒷바라지하는 일꾼들은 걸채 타는 소리를 하며 한 바퀴 돌아가고 있을 때 재빨

공처농요회원들과 조흥래
(출처 공처농요보존회)

리 논맨 뒤의 인조모를 치운다. 그 자리에 챗돌을 잘개질하는 데 지장이 없을 정도로 적당히 동글게 가져다 놓고, 시범 챗돌 두 군데의 오른쪽 옆에는 짚 5단씩 그 외에는 앞쪽 두 곳에 짚단을 쌓아둔다. 농악대는 타작하는 곁에 한 줄로 서서 소리에 맞추어 흥을 돋운다.[95]

또 칭칭이가 끝나면 양 기수와 단원들은 농악에 맞춰 신나게 춤추면서 빙빙 돌고 지루하지 않게 농악을 두드린다. 상쇠의 신호에 맞추어 "야" 하고 소리지르며, 삿갓을 타작 때처럼 공중에 높이 던져서 절정에 달한 분위기를 표현한다. 떨어지는 삿갓을 농군들이 받아 쥐고, 농악에 맞추어 삿갓과 버드나무가지를 손에 들고 흔들면서 퇴장한다.[96]

농요는 철에 따라 그리고 농사일을 하는 상황에 따라 불리던 노래이다. 하지만 한 날 한 시에 여러 가지 소리를 선보이게 되면서 농요 연행의 시공간은 필요에 따라 재편되었다. 경연대회와 각종 행사 출연으로 농요 연행에 있어 연출되어 삽입된 장면들이 있다. 실제

93　예천공처농요보존회, 앞의 책, 57쪽.
94　예천공처농요보존회, 위의 책, 57쪽.
95　예천공처농요보존회, 위의 책, 63쪽.
96　예천공처농요보존회, 위의 책, 67쪽 참고.

농군들이 두레를 짜고 소리를 하거나, 일손을 맞추면서 투닥거리는 과정 등을 효과적으로 보여주기 위한 방편으로 도입된 장면이 정형화되면서 마치 농요의 일부분인 것처럼 빠짐없이 구현되었다. 농군들의 춤과 움직임의 자율성 대신 일사분란한 행진, 극적인 장면을 펼쳐 보여주는 재현된 민속으로서 향토성을 드러내기 위한 여러 장치가 동원되었다.

3) 농요의 계승과 전승교육

1985년 9월 20일 제26회 전국민속예술경연대회에서 공처농요가 문화공보부장관상을 수상했다. 강원희가 현지 공처마을 및 풍양국민학교 운동장 등 현지에서 지도를 하고, 예천 문화원에서 만든 예천문화 창간호에 농요 일부를 소개했다.[97] 공처농요는 1993년도에 대통령상을 수상하면서 농요 전승의 전성기를 맞이했다.

> 우리가 농요를 시작한 때가 1985년부터 발굴이 돼서 계속 연습을 하다 1985년 강릉 전국민속문화예술 경연대회에 가서 문공부 장관상을 받았단 말이죠. 1986년 12월부터 경상북도 무형문화재 10호로 지정 받았고, 이래 계속 하다가 1992년도 10월 초에 구미 민속무용경연대회에 가서 최우수상을 수상을 했고, 이래서 한규석 씨가 보유자로 탄생을 했고, 공처농요가 발굴을 할 적에 발굴자는 손태원 어른이 거의 발굴을 하다시피 했습니다. 그에 이어서 뒷받침을 해 주신 어른이 이용식 어른이 되겠습니다. 그분하고 뜻이 맞아서 어른들이 500년 전에 했던 거를 잊어버렸던 거를 되찾아가 맥을 이으신 분들입니다. 그래서 계속 이어서 농요를 시작이 됐고, 우리가 1980년도 초부터 우리가 계속 시작을 했습니다. 그래 오래가지고 1985년도 강릉민속예술경연대회에 가가지고 문공부 장관상을 수상을 했습니다. 그 당시에 수상하신 분이 양자 삼자 억자 양삼억 씨입니다. 이분이 그래서 1986년 12월부터 우리가 무형문

---

97 강원희, 앞의 책, 117쪽 참고.

화재 10호로 등록 지정이 된 겁니다. 그래서 양삼억 씨 어른이 4년을 계시다가 별세를 하시고, 1992년도에 우리가 구미 민속예술경연대회에 가서 그때 보유자가 아니고 황기석 씨가 앞소리를 내면서 이렇게 해가주고 우리가 구미에 출전한 게 바로 최우수상을 받았습니다. 이래서 황기석 씨가 보유자로 탄생이 된 겁니다. 그래서 지금까지 이어오다가 지금 도중이 인명이 참 가지라고 이렇게 생각을 할 수도 있겠습니다마는 황기석 씨가 4년 그 당시에 보유자를 14년인가 얼마 정도 될 겁니다. 14년 정도 하시다가 돌아가신 지가 한 4년 정도 될 겁니다. 내년 5월달 가믄 딱 5년 되는 그런 세월이 흘렀습니다. 지금까지는 우리가 보유자가 탄생을 하지 못했고 보유자 심사에 걸쳐 있습니다. 지금까지 이래 연습을 하고 그래서 지금 제가 후보로 지정을 받았고, 또 조홍래 씨가 또 후보로 이렇게 두 분이 지정이 돼 있습니다. 돼 있고. 그 조교로 탄생하신 분들은 황형모 씨, 정의관 씨, 최춘달 씨 세 분이 이렇게 조교로 이렇게 시작 때부터 이렇게 우리가 해 오신 분들입니다. 그리고 지금 또 우리가 배우고 해야 할 전수생들, 전수 장학생들이 5년에 걸쳐서 한 번씩 거칩니다. 그거를 전수를 다 하고 나면은 다음 분이 또 추천해 올려서 또 전수를 받고 이렇게 왔습니다. (중략) 전승을 이어가라는 건데 아주머니들은 힘 드는 소리가 돼서 처음에 해보니 연세 있는 분들이 다 떨어지고 여자분들이 더 많았어요. 그래 문화재국에 여자도 되냐고 물었더니 된다해서 이렇게 혼합해서 하게 된 거죠.[98]

양주석은 1951년생으로 양삼억의 아들이며, 공처농요 장학생으로 활동한 이력이 있다.[99] 양주석은 17~18세부터 아버지 양삼억을 따라 다니면서 농요를 배우고, 1985년부터 보존회원으로 경연에 참가하였으며, 1992년부터 앞소리를 부분적으로 구연하기 시작했다. 1994년에 이수자, 2001년 전수교육조교를 거쳐 2006년부터 예능보유자 후보이자 보존회장으

---

98 양주석의 구술, 예천군, 『예천지역 전통문화 유산』, 민속원, 2011, 134쪽에서 재인용.
99 강원희, 앞의 책, 121쪽 참고.

로 일임하고 있다. 그런데 그는 높은 음역대의 발성이 원활하지 못하고 음정이 불안하며 가락의 셈여림을 조절하지 못하는 경향이 있어, 전수자 이상의 수준까지는 도달하지 못한 점이 문제로 지적되었다. 농요 전승에 헌신하고 있으나, 공처농요의 표현력은 선대 예능보유자에 미치지 못하여, 좀 더 기량을 연마해야 한다는 평을 받았다.

2012년 전수장학생과 전수교육보조자 심사가 진행되었으나 부결되었다. 보존회의 운영은 잘 되고 있으나 전수자들이나 보존회원들이 각자 맡은 부분의 농요만 소화하고 있어, 전 바탕을 이해하지 못하는 경향이 문제로 지적되었다. 농요는 가창력 못지않게 다양한 사설 구사가 요구되지만, 전반적으로 사설운용 능력이 빈약하다는 지적을 받았다. 또한 전수조교의 수가 점점 늘어남에 따라서, 70세 이상의 회원은 명예조교로 물러나게 하는 방안도 제시되었다. 80세 이하의 회원만 활동할 수 있으며, 회원도 공처 인근 지역의 풍양면민이면 누구든지 입회할 수 있다. 총 회원은 40명 가까이 되며, 남녀 혼합팀으로 구성해도 문제가 없음을 문화재청에 문의하여 확인한 뒤로는, 여성회원에게도 보존회원 자격을 부여했다. 현재는 여성회원이 19명 남성회원이 16명 정도이다. 남녀의 청이 다르기 때문에 소리를 할 때 혼동이 없도록, 농요를 부를 때는 남녀 각 한 명씩 교차하여 대열을 이룬다.

또한 2014년에는 이수자와 전수자 수급의 어려움이 문제로 제기되었다. 여성창자를 포함하여 총 4명의 전수교육조교 심사가 있었으나 전반적으로 창법을 더 연마해야한다는 평을 받았다. 특히 진사대와 짜른사대소리는 보유자후보조차 숙련되지 않은 상태여서 보완해야 한다는 지적이 있었다.[100] 보존회원 중에 조홍래(1935년생, 83세)는 행상소리와 지신밟기 소리에 능했는데, 그는 공처농요 예능보유자 후보이기도 했다. 2008년에는 양삼억(1910~1990)과 황기석(1943~2006)의 대를 이어 전수교육조교였던 양주석이 예능보유자로 신청함에 따라, 양주석의 보유자 인정 여부에 대해 조사가 진행되었으나 부결되어 2011년과

---

100 회의서류, 도문화재위원회 민속분과, 경상북도 편 참고.

2015년에 재심의가 진행되었다. 이후에 공처 농요 보존을 위해 보존회원들과 함께 노력해 온 양주석이 보유자로 위촉되었다.

공처마을 주민들은 농요의 활성화와 저변 확대를 위한 전수교육 프로그램을 개발하고 보존회 차원에서 직접 운영하기도 했다. 자연생태 및 예술체험이 가능하도록 '향토문화 체험'교실을 운영하기도 했다. 5~6월의

예천공처농요 전수관 개관식(2002)

모심기, 7~8월의 논매기, 10월의 벼베기, 5~7월 석 달간 농악, 농요, 전통놀이, 공예 등의 교육과정을 개설했다. 인근의 풍양중·고등학교와 자매결연을 맺어 전수교육을 실시하였다. 4H 청년들에게도 농요를 전수하였으며, 전수자들을 대상으로 한 전수교육은 한 달에 한 번, 이수생 교육은 일주일에 한 번 정도 시행했다. 도에서 지원비를 받아도 활동비가 넉넉지 않아서, 전수조교에게 지급되는 지원금도 일부를 보존회 운영비로 썼다. 매년 한 번 10월 경에 정기발표회를 했다. 농요 전수교육 일정과 내용에 대한 자료를 제시하면 다음과 같다.

예천 통명의 향토문화 체험

1. 모심기 체험 - 5월 말~6월 초
   모심기소리와 도움소, 에히용, 풍물굿을 연습 현장에서 예전 그대로 재현한다.
   모심는 방법, 모가 자라는 과정 설명 후,
   모심기소리 - 아부레이수나(통명농요, 공처농요)
2. 논매기(풀뽑기) - 7~8월(애벌매기, 후벌매기 소리)
   본디 예천에서는 논매기를 두 번 한다. 이 노래 소리는 느리고 장엄하다.
3. 벼베기, 타작체험 - 10월 중순(캥마쿵쿵노세, 방애소리, 타작소리, 옹헤야)
   직접 추수한 쌀을 찧어서 먹는 체험을 한다.

> 4 두레굿과 농요소리 뱅기 및 전통놀이(떡치기, 새끼꼬기)
>   예천의 풍물가락 농요소리 배우기,
>   장소 - 예천군 노인 복지회관(주 2회 이상씩 3날 총 시간 36시간)
>   노래는 통명농요, 공처농요 중 발췌해서 부른다.
>   장단 - 통명매구, 통명 공덕동 장단
> 5. 참여대상, 예천군노인복지회관의 국악반(50명), 통명농요, 공처농요 전수 학교 및 저소득층 학생(50명), 예천 자활후건기관의 장애인 20명

　　전수교육 과정에서도 보존회원들이 중요하게 여겼던 것은 농요를 전승할 계승자를 키우는 일이었다. 공처농요를 보존하려면 우선 농요를 불러 줄 사람이 있어야 하기 때문이다. 농요전승자 육성을 위한 노력은 각계각층의 후원을 통해 이루어졌다. 풍양중·고등학교 김재준 교장의 배려로 학교와 농요전승보존회가 자매결연을 맺고 4H 회원들이 소리를 배워서 전승하고자 노력하였다.[101] 성병희 교수가 초등학교와 자매결연을 맺어서 전승시키는 것이 좋겠다는 의견을 제안한 것을 따른 것이다. 그런데 어린아이들이 부르기에는 농요의 소리가 너무도 길어서 부르는 데 숨이 차고, 쉽지 않아 중·고등학교 학생들로 그 대상을 확장하였다.[102] 1993년 5월 13일 보존회원 54명과 4H 회원 40명, 김재준 교장과 서영배 지도교사, 예천공보실 관계 기관과 예천군농촌지도소 관계관과 풍양면장 전익창이 참석하여, 자매결연식을 진행하고, 자매결연패 교환 및 전승기와 농기 등 장비들을 인계인수 하고, 농요와 4H 노래 등을 제창하였다.[103]

---

101 예천공처농요보존회, 앞의 책, 36쪽 참고.
102 예천공처농요보존회, 위의 책, 39쪽 참고.
103 예천공처농요보존회, 위의 책, 40~41쪽 참고.

조상이 남긴 것 중에서 어느 것 하나 중요하지 않은 것이 없겠지마는 특히 우리 공처농요가 대통령상을 수상하고 나니까 그렇게 보배로운 것인 줄 미처 몰랐던 것이 부끄러울 정도이다. 농요를 보존해야겠다는 책임감을 더욱 강렬하게 느끼게 된다. 보존이 잘 되려면 부를 사람이 있어야 하고, 또한 대를 이어 가면서 계속해서 농요를 불러 주어야 되겠는데 사실은 오늘날 그러한 형편이 못되니 안타깝다. 왜냐하면 농촌 어느 곳이나 마찬가지이듯이 이 마을에도 후속 젊은이가 점점 적어지고 있다는 것이다. 앞날을 내다보면 그야말로 위기인 것이다.[104]

공처마을 주민들은 전국민속예술경연대회 입상 이후 상금으로 전수관을 지을 부지를 구입했다. 이전까지 회의나 장비는 공처마을회관에 의존했고, 소리나 동작을 연습할 때는 풍양중·고등학교나 초등학교, 농협창고 앞마당을 이용했다. 그러다가 경연대회 우승 상금인 오백만 원과 문예진흥원의 보조금 오백만 원을 합해 천만 원으로 논매기 실습장을 지을 논을 마련했다. 농요의 연행에 수반되는 장비를 보관하고, 보존에 관계되는 회의를 한다든가 농요를 부를 장소도 마련되었다.

전수교육이나 경연대회 출전이 이루어지기 전까지는 각종 장비 보관과 회의는 공처 새마을회관이나 마을회관에 의존했다. 소리와 행동연습은 풍양중·고등학교나 풍양초등학교, 마을에 있는 농협창고 앞마당을 이용해 왔으나 애로사항이 많았다. 특히 학교는 학생들의 수업관계, 회관의 아래층 방이나 2층의 회의실이 좁아서 문제였다. 소품이나

1980년대 공덕2리 새마을회관

---

104 예천공처농요보존회, 앞의 책, 39쪽.

장비는 분실할 우려도 있었다.[105]

　전국민속예술경연대회 출전을 계기로 마을 차원에서 공처농요기를 제작하고, 농요비를 세우기도 했다. 농요가 사라져갈 위기에 처했을 때 재현하던 당시 어려움을 상기하고, 풍양면민으로서 농요 전승의 의지를 다지며, 초기 농요 발굴과 전승에 힘쓴 이들의 행적을 기리는 뜻으로 이름을 새기고, 농요비를 세웠다.[106] 농요비에는 농요사설 등에 대한 해설도 적혀 있다. 농요비와 더불어 앞소리꾼으로 활동하던 양삼억과 이용식, 황기석 세 명의 공적비가 세워져 있다. 이처럼 농요의 전승에 필요한 전승자 발굴을 위한 노력과 전수회관 건립, 실제로 모를 심으면서 농요를 부를 수 있는 논을 마련하는 등 보존회원들과 주민들, 관계자들의 노력에 의해 공처농요의 전승의 맥이 끊기지 않을 수 있었다.

4. 맺음말

　앞서 살핀 경북지역 농요는 모두 발굴과 복원, 재현의 과정을 거쳐 전승되고 있다. 산업화 이후 농촌의 기계화가 가속화되면서, 농요의 전승현장은 급속한 변화를 거듭했다. 손 또는 호미로 김매던 것은 제초제로, 손으로 벌모를 심던 일은 이앙기로, 혹지(쟁기)로 갈던 것은 경운기로, 써리로 고르던 것은 트랙터로 차츰 바뀌어 가더니 예전의 농법은 자취를 감추어 버리게 되었다. 그 결과 농촌에는 농요를 부를 사람도 없거니와 부를 여건도 되지 않았으며, 농요를 즐겨 부르고 향유하던 이들도 노쇠하여 타계하면서, 농요의 구전과 계승에 어려움이 가중되었다. 문헌이 아닌 구전으로 전해지던 농요는 이제 활자화되어 보존회의 일정한 전수교육체제 속에서 맥을 잇고 있는 실정이다. 이 과정에서 후학을 양성하기 위해 심력을

---

105 예천공처농요보존회, 앞의 책, 34쪽 참고.
106 예천공처농요보존회, 위의 책, 36쪽 참고.

다하거나, 능숙한 창자를 적극적으로 후원하고자 했던 마을의 원로인사들의 활동이 주목된다.

민요 전승에서 실질적 지원을 아끼지 않고 경연대회 출전을 통해 농요 전승의 동기를 마련하거나, 계승의지를 다진 일련의 활동들은 안동과 예천의 농요 전승실태를 통해 확인할 수 있다. 또한 이 과정에서 농요의 연행은 논밭이 아닌 마당으로 옮겨졌다. 경연대회 출전 당시에는 연행내용이 마당논매기에서 실제로 논매기를 하는 과정과 유사하게 꾸며졌고, 더러 곡목이 추가되거나, 놀이적인 면모가 돋보이도록 편집되기도 했다. 저전농요는 행진으로, 통명농요는 삿갓을 뒤집어 쓴 상머슴이 소를 타고 퇴장하고, 공처농요는 '걸채'를 타고 상머슴을 그 위에 태우는 등 다양한 연행방식으로 전승되고 있다. 어떤 면에서 농요는 점차 민요 그 자체가 아니라 놀이화, 무대화의 과정을 거치고 있다고 판단된다. 경연을 위해 인원을 확충하느라, 여러 마을 주민들이 연대하기도 하고, 근래에는 여성들도 농요의 연행자로 참여하는 사례가 늘고 있다.

경연대회 입상을 계기로 문화재로 지정된 이후에는 대개 지정된 곡목의 전승에 치중하느라, 마을공동체 내에서 고루 전승되던 다양한 민요들은 농요를 지속시키기 위한 갖은 노력과 관심 밖에 놓여 더 급격히 소실된 경향이 없지 않다. 실제로 농요의 선소리꾼들은 농요 외에도 다양한 창곡을 구연가능하다. 일례로 조홍래의 경우 지신밟기 소리 등을 구연할 수 있다. 양삼억이나 이용식이 구연했던 모찌기소리나 가래소리 등은 실제로 노래를 부를 기회가 주어지지 않아 점차 잊혀지다가 전승이 단절되기에 이르렀다.

특히 농요 계승 차원에서 보다 다채롭고 특히 즉흥성이 살아있는 사설 운용 능력이 요구된다. 농요 전과정을 시연한다고 하지만, 과정별로 구연된 농요 사설이 풍부하지 않은 편이다. 양삼억 보유자 외에 이용식, 황기석 등은 모심기소리나 논매기소리에서 느리고 길게 빼는 음을 미-라-도-레 중심으로 운용하는 전통적 농요 창법이 탁월할 뿐 아니라, 소리를 하면서 장단을 운용하는 능력도 뛰어나다. 농요의 작창에 따라 구연자가 구사할 수 있는 사설이 더 다양할 것으로 생각되나 민요의 작창원리에 따라 사설을 운용할 수 있는 구연자를 실제 전승현장에서 찾아보기 어려운 실정이다.

주민들끼리의 연대의식이 강하고, 상부상조의 미덕을 지속시키려는 의지가 민요의 전승력에 영향을 미치기도 한다. 본문에서 다룬 농요 발굴 과정에서 주민들의 활약상을 통해 그런 경향을 엿볼 수 있었다. 민요가창자들이 전수교육을 위해 나름의 노력을 기울여 헌신하고, 스스로 동기부여를 하면서 자긍심을 펼쳐가는가, 혹은 전승의지를 어떻게 실현해가는가에 따라서도 무형문화재로 지정된 민요 계승의 상황이 달라질 수 있다. 실제로 대부분의 보존회는 경연대회 상금을 보존회의 공동자금으로 활용하고, 공동의 이익과 가치를 실현하기 위하여 토지를 매입하거나 전수회관을 건립했으며, 더러는 개인이 받은 지원금의 일부를 헌납하는 경우도 있었다.

전수관이 없던 시절, 집이나 마을회관에서 자력으로 민요를 전수시키던 시기를 지나, 이제는 마을 안팎의 사람들이 연대하여 보존회원들까지 전수관을 운영하면서 일련의 교육체계를 갖추어가는 과도기적인 과정에 놓여 있다고 생각된다. 따라서 이들 단체마다 교육체계를 갖출 수 있도록, 단발적인 실태조사 외에, 보다 지속적으로 관심과 애정을 기울여, 운영체계에 대한 점검과 지원을 해야할 것으로 보인다. 단순히 경제적 지원이나 보조 외에 실제로 어떤 문제들을 해결해야 전승력을 확보할 수 있는지에 대해, 민요 전승자들 스스로 자각할 수 있도록 소통의 창구를 열어놓는 방안이 요구된다. 예능공개발표회에서 짤막하게 형식적인 공연을 펼치는 단체에 대하여, 도지정 무형문화재에 대한 현장점검을 실시하고, 되도록 다양한 실연능력을 표출하도록 유도하는 지원방안이 마련되어야 할 것으로 생각된다.

또한 공처농요의 실상을 발굴하고 기록하는 데 있어서 예천 지역의 강원희와 같은 지역민들이 스스로 발판을 마련하고 일구었다는 데 의미가 있다. 현재도 공처마을 이장은 '예천농부'라는 예명으로 공처농요와 관련된 기록물들을 디지털 자료로 온라인에 게시하면서 매년 농요의 전승실황을 기록하고 있다. 각종 경연대회 출전 기록이나 농요의 연행과정을 재현한 기록화 영상 등은 농요의 연행상황을 이해할 수 있는 귀중한 역사이다. 기존의 영상과 음원 자료를 활용하고, 보존회원들에게 기량을 습득할 수 있는 기회를 마련해줄 필요가 있다. 리플릿은 행사를 소개하는 홍보물이지만, 매년 치러지는 행사의 참여인력과 전승현황을 정리하여 제시하면 그 자체로 농요 보존을 위한 기록자료로 활용이 가능하다. 농요의 발굴과 관련된 과거의 기록만큼이나, 농요가 전승되고 있는 현재의 역사에도 더욱 관심을 기울여야 한다.

참고 문헌과 자료

1. 문헌

강등학, 「경북지역 〈논매기소리〉의 기초적 분석과 지역적 판도」, 『동부민요의 예술세계』, 2004춘계 전국국악학학술대회 자료집, 2004.
강등학, 「한국 민요연구 역사와 문제의식 추이」, 『한국민요학』 제27집, 2009.
강원희 편저, 『예천아리랑과 예천의 노래』, 역락, 2013.
권오경, 「영남민요의 전승과 특질」, 『우리말글』25권, 우리말글학회, 2002.
김기현, 「임석재 채록 한국구연민요- CD출반기념 한국구연민요 - 연구편』, 한국구연민요연구회 엮음, 집문당, 1997.
김헌선, 『한국 구전민요의 세계』, 지식산업사, 1996.
김혜정, 「민요를 보는 시각과 쟁점」, 『한국민요학』 제42집, 2014.
나승만, 「전통민요의 현지조사 방법론」, 『전남민속연구』, 제2집, 1993.
류종목, 「민요조사방법의 회고와 전망」, 『한국민요의 현장과 본질』, 민속원, 1994.
박혜영, 「경북 농요의 전승 기반과 무형문화재 보존 실태」, 『한국민요학』 제46집, 한국민요학회, 2016.
예천군, 『예천지역 전통문화 유산』, 민속원, 2011.
이소라, 『한국의 농요 1』, 현암사, 1985.
이소라, 『상주의 민요』, 상주군, 1993.
이소라, 『예천민요집』, 민족음악연구소, 2020.
이장열, 『한국무형문화재정책- 역사와 진로』, 관동출판, 2005.
임재해, 『한국구비문학대계7-9 (경상북도 안동시 안동군편)』, 한국정신문화연구원,1982.
임재해·조정현·편해문·박혜영, 증편 『한국구비문학대계 7-20』, 한국학중앙연구원, 역락, 2014.
조동일, 『경북민요』, 형설출판사, 1977.
조영배, 『한국의 민요 아름다운 민중의 소리』, 민속원, 2006.
최상일, 『우리의 소리를 찾아서』, 돌베개, 1995.
공처농요보존회, 『예천공처농요』, 대창인쇄소, 1995.

회의서류, 도문화재위원회민속분과, 경상북도편, 2011~2014.
제20회 예천공처농요 정기발표공연 리플릿, 2015년 10월 1일.
제17회 예천공처농요 정기발표회 리플릿, 2022년 9월 12일

2. 영상
예천공처농요 https://www.youtube.com/watch?v=JgGh0PuYFtQ
        (1992년 제33회 전국민속예술 경연대회 대통령상 수상)
경북 무형문화재 제 10호 예천공처농요 https://www.youtube.com/watch?v=jWE6DM4eClc
        공처농요단 설립후 초기(1980년대)에 제작된 영상
경북 무형문화재 제 10호 공처농요 전수관 개관식 행사 및 공연(2002년)
        https://www.youtube.com/watch?v=MCh0Sq1jOdk
이벤트 인 코리아 예천군 풍양면 공덕2리공처마을 https://www.youtube.com/watch?v=oVd3ZY4tzj4
이벤트 인 코리아 예천군 풍양면 공덕2리공처마을 https://www.youtube.com/watch?v=O4B1hiOY3-k
이벤트 인 코리아 예천군 풍양면 공덕2리공처마을 https://www.youtube.com/watch?v=yUy_MmdIAFE
이벤트 인 코리아 예천군 풍양면 공덕2리공처마을 https://www.youtube.com/watch?v=in-Bbyy1Hro

3. 영상 캡쳐 사진 출처
뿔떡국수 https://www.youtube.com/watch?v=yUy_MmdIAFE
마당논매기를 하러 모인 주민들 https://www.youtube.com/watch?v=yUy_MmdIAFE
논매기소리를 부르는 보존회원들과 농군들을 살피는 농감 오경택
        https://www.youtube.com/watch?v=in-Bbyy1Hro
양삼억 https://www.youtube.com/watch?v=tAvyIDUS2jw
양삼억의 선소리에 맞춰 농요를 부르는 공처농요보존회 https://www.youtube.com/watch?v=tAvyIDUS2jw
1986년 농요를 부르는 공처농요보존회 https://www.youtube.com/watch?v=tAvyIDUS2jw
1986년 논매기소리를 구연하는 양삼억과 공처농요보존회원들
        https://www.youtube.com/watch?v=tAvyIDUS2jw)
술두루미에서 종굴바가지로 술을 따르는 참새 https://www.youtube.com/watch?v=O4B1hiOY3-k
진햇소리 https://www.youtube.com/watch?v=jWE6DM4eClc
짜른 햇소리 https://www.youtube.com/watch?v=jWE6DM4eClc
걸채를 탄 상머슴 https://www.youtube.com/watch?v=O4B1hiOY3-k
지게걸채에 탄 젓머슴 https://www.youtube.com/watch?v=jWE6DM4eClc
공처농요보존회 황기석 https://www.youtube.com/watch?v=jWE6DM4eClc
상쇠 유경희와 공처농요회원들의 농악 https://www.youtube.com/watch?v=jWE6DM4eClc
조홍래 https://www.youtube.com/watch?v=jWE6DM4eClc
예천공처농요 전수관 개관식 (2002) https://www.youtube.com/watch?v=MCh0Sq1jOdk
1980년대 공덕2리 새마을회관 https://m.blog.naver.com/ensign94/221052438231

예천아리랑의
소리꾼과 특징

조순현
청주교육대학교 음악교육과 강사

예천아리랑의
소리꾼과 특징

　아리랑은 우리나라에 고루 분포되어 있으며 교포들이 거주하고 있는 해외에서도 널리 불리고 있다. 아리랑은 각 지역 민요의 특징을 나타내고 있는 전통 민요이다. 그중 강원도 지방에 전하고 있는 〈정선아리랑〉, 전라도 지방에 전하고 있는 〈진도아리랑〉, 그리고 경상도 지방에 전하고 있는 〈밀양아리랑〉을 우리나라 삼대 아리랑이라고 부르고 있다. 여음인 '아리랑'의 어원이 '아리랑我離郞'을 비롯해서 신라의 '알영비閼英妃', 경상도 밀양 전설의 인물인 '아랑(阿娘)' 등에서 유래되었다는 설이 있기도 하다.

　경상북도 예천지방에는 〈예천아리랑〉이 전하고 있다. 『한반도의 아리랑』(1995년)과 『뿌리 깊은 나무』(1979년)에 음원이 기록되어 있다. 〈예천아리랑〉은 일을 하면서도 불렀으며 놀이를 하면서도 불렀다. 〈예천아리랑〉은 지역적 토착성이 강하며 가사의 내용을 살펴보면 지역적인 일상 생활이 강하게 반영되어 있다. 예천의 전통성과 지역사람들의 보편성이 잘 나타나고 있으며 지역 내 일상생활을 실어서 노래하고 있다. 소박하고 주관적인 서정이 담겨있다. 혼자 소리로 한을 토해내기도 하고 애간장을 삭이면서 긴 세월의 감정을 자연스럽게 토로하고 삶을 달래며 불러온 소리이다.

　아리랑의 노랫말은 기본적으로 2행 구성이다. 한 행이 보통 3~5음보 정도로 엮어져 있는 2행이다. 그러나 〈예천아리랑〉 음원을 남긴 고故 양옥교는 본사설의 내용에 따라 6행과 4행, 2행 등으로 자유롭게 노래했다. 이상휴는 다른 지방의 일반적인 후렴구 형식으로 부르지 않고 다양한 후렴구로 부르고 있다. 이 점이 〈예천아리랑〉이 지닌 특징으로 평가된다. 〈예천아리랑〉은 8분의 10박자로 엇모리장단에 맞으며, 선율은 구성음이 〈미, 솔, 라, 도, 레, 미′, 솔′〉로 되어 있고, 〈미〉음이나 〈라〉음으로 종지하며 〈미〉음을 작게 떨고 〈레〉음에서 〈도〉음으로 꺾는 목을 쓰는 메나리토리로 되어 있다. 〈예천아리랑〉의 가락은 소박하고 구슬픈 느낌과 향토적인 맛이 난다.

예천아리랑의 특징과 전승 양상을 고故 양옥교가 남긴 음원과 이상휴가 부른 노래를 중심으로 살펴보려 한다.

1. 예천아리랑의 소리꾼

1) 양옥교(1919-2015)

양옥교는 예천군 호명면 직산리 피실마을에서 태어났다. 17세에 가마를 타고 통명리 웃마을로 시집을 왔다. 신랑은 한 살 위 18세였다. 24세 되던 해에 아들을 낳았다. 아들이 백일이 지난 후 남편이 일본으로 돈 벌러 갔다. 6·25 사변 전에 한 번 다녀갔으며 그 후 돈을 보내오고 소식을 전해오다가 전쟁이 끝날 무렵부터 소식이 끊겼다. 일본에서 번 돈을 모두 사기당하고 부모 형제와 처자식이 기다리는 고향으로 돌아올 면목이 없어서 혼자 힘든 생활을 하다가 경북 김천 출신 여자를 만나 결혼을 했다고 한다.

아들 이원섭(1937생)이 1998년도에 일본으로 건너가서 아버지를 만나고 왔다. 아버지는 힘든 생활을 하다가 부모, 형제가 있는 고향으로 돌아오지 못한 채 낯선 일본 땅에서 83세의

일기로 사망했다. 장례식이 끝난 후에야 이복여동생에게 편지를 받고 일본을 다녀왔다. 서로 연락이 없었기 때문에 주소를 모르고 있어서 경북도청과 예천군청으로 문의해서 간신히 연락처를 확인하는 바람에 늦어졌다. 이복여동생에게 치매로 고생하던 아버지가 숨을 거두기 전까지 아들과 고향을 찾았다는 이야기와 그간의 사정을 들었다고 했다.

양옥교는 홀로 외아들을 키우며 살았다. 시집오기 전 피실마을에서 삼을 삼거나 명 잣는 일을 많이 했다. 동네 처녀들이 모여서 품앗이로 했다. 긴 시간 명 잣는 일을 하면서 지루함을 달래기 위해 즐겨 부르던 예천아리랑을 듣고 배웠다고 한다. 홀로 아들을 키우며 힘들 때면 예천아리랑을 불렀다. 밭매는 일 등 농사일을 하거나 바느질을 할 때, 부엌에서 아궁이에 나무를 지피면서 예천아리랑을 불렀다[1].

남편은 일본으로 간 후 2년 만에 고향을 다녀갔다. 그때 재봉틀을 사주고 갔다. 당시 마을에 재봉틀 있는 집이 서너 집 정도로 귀했다. 바느질 솜씨가 좋기로 소문이 나서 옷을 만들어 달라는 부탁이 잦았다. 농사일과 바느질품을 해서 아들을 키웠다. 어려운 살림살이에도 보리쌀 위에 쌀을 한 줌 올려 밥을 지어서 아들은 쌀밥만 퍼 주었다. 6·25 사변 직후 가뭄으로 모두가 굶주릴 때에도 아들에게는 쌀밥을 먹였다. 혼자 살림을 꾸려가며 아들을 키우는 일은 힘든 일이었다. 두 살배기 아들을 등에 업고 해가 뜨면 들에 나가서 일하고 해가 지면 집으로 돌아와 동네 공동 우물에서 물을 길어 오고 부엌일을 했다. 겨울이면 산에 올라가 땔나무를 해오는 것은 물론 남자가 하는 일까지 모두 해야만 했다. 아들 이원섭은 이런 어머니가 가여워 몰래 눈물을 흘리기도 했다. 아들이 철이 들면서부터 산에서 땔나무를 하거나 힘든 일을 하면서 아버지의 빈자리를 메꾸기 시작했다. 쪽진 머리와 흰 고무신에 한복을 즐겨 입으시던 어머니의 삶은 예천아리랑 같았다고 말했다.

양옥교의 예천아리랑 가락에는 신명 난듯하면서도 애절하고, 청승스러운 듯 하면서도

---

1 아들 이원섭은 어머니가 밭매기를 하거나 바느질을 할 때, 부엌에서 나무를 때면서 예천아리랑을 흥얼거리던 모습을 기억한다고 했다.

수줍음이 절절하게 묻어난다. 양옥교는 한스러운 삶이 고스란히 녹아 있는 예천아리랑을 남기고 2015년 96세의 일기로 한 많은 생을 마쳤다.

2) 이상휴(1931생)

이상휴는 예천군 예천읍 서문동에서 태어났다. 아버지가 일제강점기에 보급대에 끌려가지 않기 위해 예천읍 통명리로 이사를 와서 농사를 지으며 살아왔다. 일제강점기에 초등학교를 다녔다. 초등학교에서 일본어, 중국어, 한국어를 배웠다. 태평양전쟁 중에는 등교하면 공부를 하지 않고 산으로 가서 관솔을 줍고, 길가에 떨어진 소똥을 주우러 다녔다. 아침에 조밥이나 보리밥을 도시락에 싸가지고 갔다. 종지에 고추장을 담아서 도시락 귀퉁이에 넣고 학교까지 뛰어가면 종지의 고추장이 쏟아져서 비빔밥이 되었다.

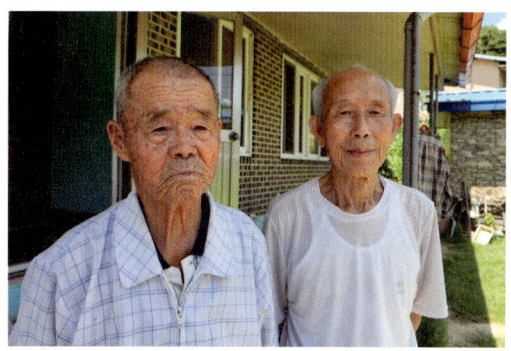

이상휴(왼쪽)와 이원섭(오른쪽)

이상휴 집 앞에서

어려운 시기여서 도시락을 못 싸온 친구들도 많았지만 이상휴는 부모님께서 도시락을 꼭 싸 주셨다. 초등학교를 졸업하던 해와 이듬해까지 흉년이 들어서 소나무껍질을 벗겨서 죽이나 개떡을 만들어 끼니를 해결했다. 굶기를 밥 먹듯 하고 봄이면 산나물 죽을 먹고 여름에는 찐 감자로 한 끼를 때우고 가을에는 고구마, 도토리묵을 지겹도록 먹었다.

  초등학교 졸업 후부터 농사일을 돕기 시작했다. 어른들 뒤에서 밭매기나 모심는 일을 하면서 어른들이 부르던 소리를 자연스럽게 듣고 배웠다. 목소리가 좋아 예천농요 기능보유자로 지정되었다. 마을에 초상이 나면 상여 뒤를 따라다니면서 상여소리를 듣고 배웠다. 20세에 장가를 든 후부터는 마을에 초상이 나면 요령잡이를 했다. 마을에 초상이 났는데 요령잡이를 하던 어르신이 청이 좋은 이상휴 어르신에게 상여소리 선소리를 시켰다. 그때부터 인근 마을까지 초상이 나면 상여소리 선소리를 도맡아 했다. 멀리 구미까지 불려 갔다. 지금은 장례문화가 화장으로 바뀌었지만 10년 전까지 대략 100번도 넘게 요령잡이를 했다. 요령잡이를 하면 상주들이 주는 목욕비와 노자로 주는 수고비가 농사일하고 받는 품삯보다 2배 정도 많았다.

  가을걷이가 끝난 후부터는 먼 산에까지 가서 땔나무를 해서 예천 장날 팔았다. 나무 한 짐에 5원에 팔기도 하고 10원에 팔아서 쌀 서너 되나 보리쌀 대 여섯 되를 샀다. 해가 뜨기 전에 산에 오르면 날이 밝아왔다. 올라갈 때 지게작대기로 지게다리를 두드리며 예천아리랑을 불렀다.

  나무를 한 짐하고 내려올 때 산 중턱에 지게를 받쳐놓고 예천아리랑을 부르며 깍지치기를 했다. 깍지치기는 나뭇단 내기 놀이이다. 갈퀴를 던져서 엎어지면 '밥'이야 하고 뒤집어지면 '죽'이야 하며 노는 놀이이다. 지는 사람이 이기는 사람에게 나뭇단 하나를 주었다. 서로 교대로 져주면서 놀이를 즐겼다. 일터가 놀이터였다. 힘든 일도 놀이를 하면서 피로를 풀었다. 일할 때나 놀이를 할 때에 어른들이 즐겨 부르던 소리는 아이들이 자연스레 따라부르며 배우게 되었다.

  이렇게 오랜 세월 동안 예천의 산과 들에서 불려진 예천아리랑은 모질고 고된 예천사람들의 삶의 모습이 담겨있다. 예천아리랑을 청했더니 어깨를 들썩이며 불러주셨다. 노래를 부르면 흥이 나서 어깨가 절로 들썩인다고 했다.

2. 예천아리랑의 특징

예천아리랑의 특징은 양옥교[2]와 이상휴[3] 녹음 자료를 중심으로 소개하기로 한다.

1) 양옥교의 예천아리랑[4]

---

2 신나라레코드, 『한반도의 아리랑』 CD1-6, 1994 녹음
3 2023년 7월 현지조사
4 사설 설명은 『한반도의 아리랑』 해설집을 인용한다.

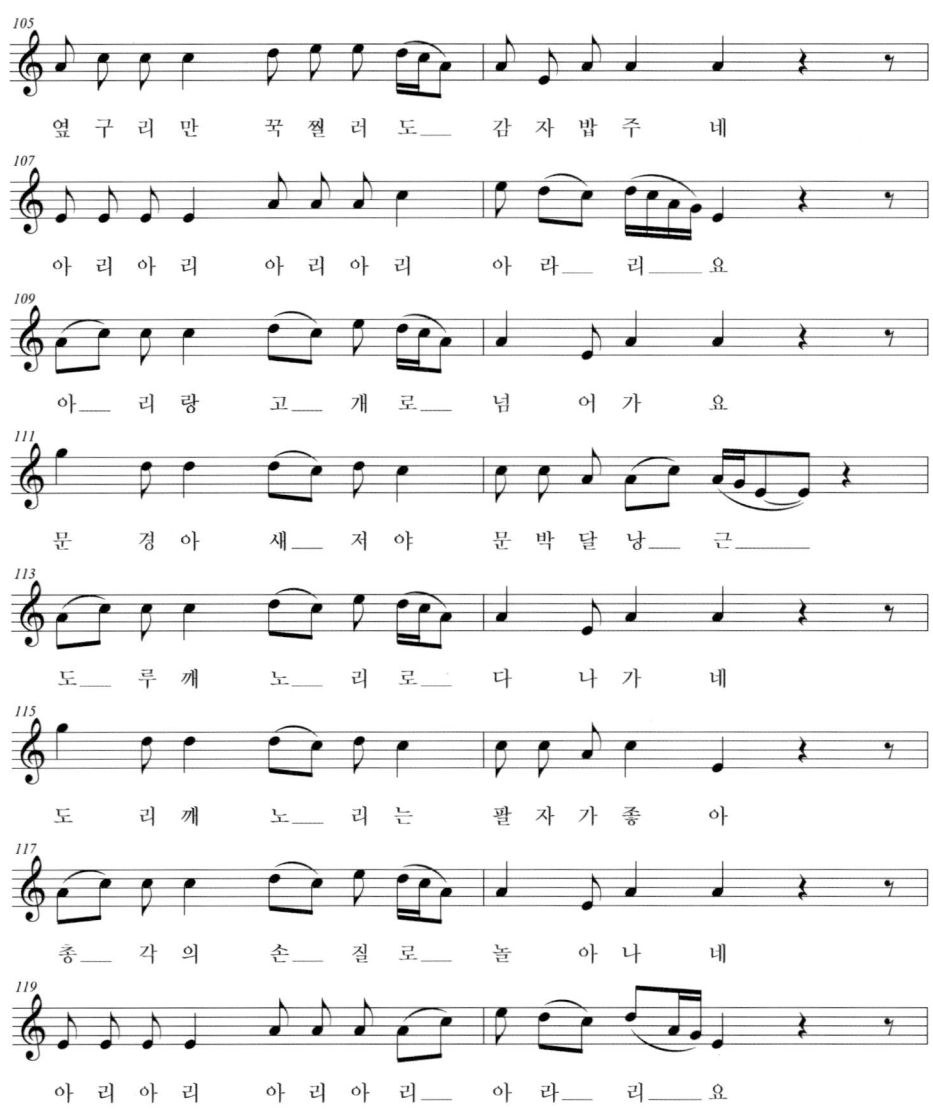

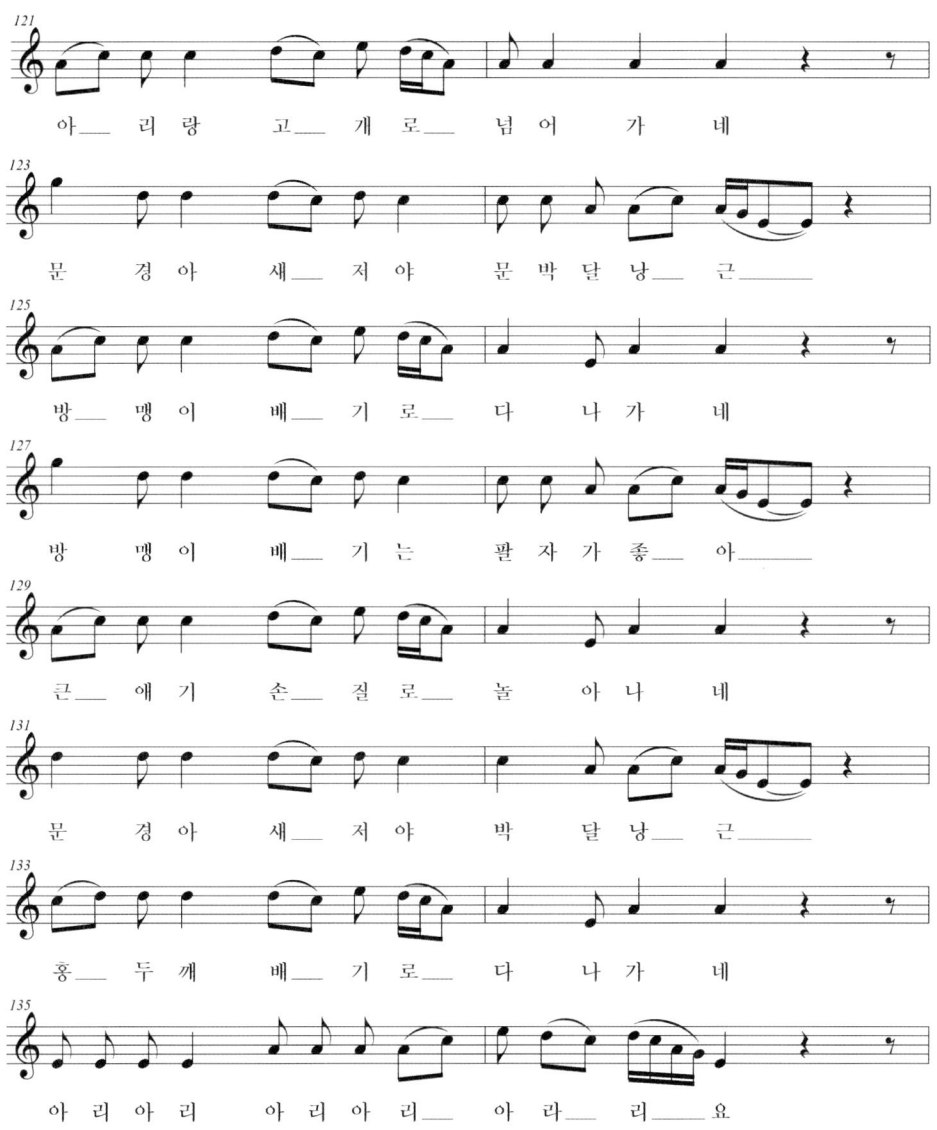

①
아롱아롱 아롱아롱 앓지마라
니 앓는 속내를 내가 안다
아리랑 고개서 알을 배여
몸실령 고개서 몸을 풀어
니 잘났나 내 잘났나 도투지마라
은하[5] 백통 은하 은전 지 잘났다
아리아리 아리아리 아라리요
아리랑 고개로 넘어 가요

②
심깨나 쓰는 사람 목도꾼 가고
말 마디 하는 거 벤호사 가네
아리아리 아리아리 아라리요
아리랑 고개로 넘어 가요

③
시집살이 몬 하고 가라면 가지
양궐양[6] 술 안 먹고 못 살이로다
시집을 못 가면 무시나 걱정
야마동 공장에[7] 실 풀러 가지

---

5 은화(銀貨)
6 양궐련(洋卷煙)

장개를 못 가만 무시나 걱정
남사다 공장에[8] 돈 벌러 가지
아리아리 아리아리 아라리요
아리랑 고개로 넘어 가요

④
웃타리[9] 밑에다 칠성판 깔고
호박잎이 난출난출 날 오라네
죽으라는 본동자 아니 죽고
뒷집에 김도령 죽었다하네
머리라 풀라니 남 남사시러
비네야 속에야 흰 갑사 댕기
디리고 디리고 디리고야
아리아리 아리아리 아라리요
아리랑 고개로 넘어 가요

⑤
홍당목 치매는 붉어야 좋고
물맹지[10] 단속곳은 널러야 좋네
아리아리 아리아리 아라리요

---

7 야마동 공장 : 야마도 공장(일본내 있던 방직 공장인 듯함)
8 남사다 공장 : 남사당 공장(남사당. '공장'은 앞의 '야마동 공장'과 운을 맞추기 위해 첨가된 말인 듯함)
9 울타리
10 물명주

아리랑 고개로 넘어 가요

⑥
먹고야 싶은 거 찹쌀 감주
보고야 싶은 거 임일러라
술 먹고 싶거든 찬 냉수 먹지
돈 안가주 술집에 니 왜 왔노
아리아리 아리아리 아라리요
아리랑 고개로 넘어 가요

⑦
임 가든 길에는 풀이 나고
임 먹든 술잔에 녹이 쓸레
아리아리 아리아리 아라리요
아리랑 고개로 넘어 가요

⑧
말하고 싶거든 전화통 대고
임 보고 싶거든 사진을 보고
아리아리 아리아리 아라리요
아리랑 고개로 넘어 간다

⑨
홍당목 치매는 붉어야 좋고

물맹지 단속곳은 널러야 좋네

아리아리 아리아리 아라리요

아리랑 고개로 넘어 가네

⑩

산골에 큰애기 친해씨마[11]

옆구리만 꾹 찔러도 감자밥 주네

아리아리 아리아리 아라리요

아리랑 고개로 넘어 가요

⑪

문경아 새저야 문박달낭근[12]

도루깨노리로[13] 다 나가네

도리깨노리는 팔자가 좋아

총각의 손질로 놀아나네

아리아리 아리아리 아라리요

아리랑 고개로 넘어 가네

⑫

문경아 새저야 문박달낭근

---

11 친했으면
12 물푸레나무는
13 도리깨열. 도리깨는 손으로 잡는 부분인 '장치'(도리깨채)와 곡식이 닿는 '노리'(도리깻열)과 이 둘을 연결시켜 주는 '꼴띠(도리깨꼭지)로 구성된다고 한다.(고(故) 양옥교 말)

방맹이[14] 배기로[15] 다 나가네
방맹이 배기는 팔자가 좋아
큰애기 손질로 놀아나네
문경아 새저야 박달낭근
(홍두깨방) 홍두깨 배기로 다 나가네
아리아리 아리아리 아라리요
아리랑 고개로 넘어 가요

⑬

홍두깨 배기는 팔자가 좋아
큰애기 손질로 놀아나네
아리아리 아리아리 아라리요
아리랑 고개로 넘어 가요

⑭

아주까리 동백은 일년에 한번
되지못할 기름머리 나날이 하네
아리아리 아리아리 아라리요
아리랑 고개로 넘어 가요

---

14 방망이. 여기서는 다듬잇방망이.
15 홍두깨. 옷감을 감아서 다듬이질하는 데 쓰는 둥글고 긴 나무. 예천에서는 다듬이질 하는 데 쓰는 것은 '배기'로, 국수를 만드는 데 쓰는 것은 '홍두깨'로 구분한다.(고(故) 양옥교 말)

⑮
산골에 큰애기 복도 없어
사주보[16] 받아놓고 턱 죽어났네
아리아리 아리아리 아라리요
아리랑 고개로 넘어 가요

⑯
행주치매 똘똘 말아 옆에 찌고
본가장 가자할 때 왜 안가요
밀창문이 깔짜끄먼[17] 나온다디
모두걸러 흔들어도[18] 안 나오네
아리아리 아리아리 아라리요
아리랑 고개로 넘어 가요

⑰
(담 넘에) 담 넘어 갈 때는 큰 맘을 먹고
문고리 지고서 발발 떠네
아리아리 아리아리 아라리요
아리랑 고개로 넘어 가요

---

16 사주단자를 싸 보내는 청, 홍의 비단으로 안팎을 다르게 만드는 보.
17 깔짝거리면
18 막 흔들어도

⑱
울 넘에 담 넘에 꼴 비는 총각
(외바외)외 넘어 가니오 외 받아 먹게
외는 받아서 꼴집에[19] 옇고
물 같은 요 내 손목 다 잘카지네[20]
아리아리 아리아리 아라리요
아리랑 고개로 넘어 가네

(1) 음악적 특징

양옥교가 부른 예천아리랑은 생활 속에서 일을 하면서 혼자 불렀기 때문에 장단이 자유로운 것이 특징이다. 보통 아리랑의 구조는 본사설 4장단을 부르고 후렴구를 4장단을 규칙적으로 부르는 것이 일반적이다. 그러나 양옥교는 본사설의 내용에 따라 장단의 길이를 다르게 부르고 있다.

장단은 엇모리장단이며 본사설 12장단을 부르고 후렴 4장단을 부르는 경우, 본사설 8장단을 부르고 후렴 4장단을 부르는 경우, 본사설 4장단을 부르고 후렴 4장단을 부르는 경우로 자유롭게 부르고 있다. 이를 표로 나타내면 〈표 1〉과 같다

---

19 꼴집
20 잘크라지네

⟨표 1⟩ 본사설과 후렴의 장단 유형

본사설	장단	후렴	장단
아롱아롱 아롱아롱 앓지마라 니 앓는 속내를 내가 안다 아리랑 고개서 알을 배여 몸실령 고개서 몸을 풀어 니 잘났나 내 잘났나 도투지마라 은하 백통 은하 은전 지 잘났다	12장단	아리아리 아리아리 아라리요 아리랑 고개로 넘어 가요	4장단
먹고야 싶은 거 찹쌀 감주 보고야 싶은 거 임일러라 술 먹고 싶거든 찬 냉수 먹지 돈 안가주 술집에 니 왜 왔노	8장단	아리아리 아리아리 아라리요 아리랑 고개로 넘어 가요	4장단
홍당목 치매는 붉어야 좋고 물맹지 단속곳은 널러야 좋네	4장단	아리아리 아리아리 아라리요 아리랑 고개로 넘어 가요	4장단

후렴구는 엇모리장단 4장단으로 규칙적으로 부르고 있으나 노랫말은 마지막 장단에서 조금 변화가 있다. 후렴구의 노랫말 종류는

    아리아리 아리아리 아라리요
    아리랑 고개로 넘어 가요

    아리아리 아리아리 아라리요
    아리랑 고개로 넘어 간다

    아리아리 아리아리 아라리요
    아리랑 고개로 넘어 가네

의 3종류로 부르고 있다.

  구성음은 〈미, 솔, 라, 도, 레, 미′, 솔′〉음으로 되어 있고, 〈미〉음이나 〈라〉음으로 종지하며 〈미〉음을 작게 떨고 〈레〉음에서 〈도〉음으로 꺾는 목을 쓰는 메나리토리로 되어 있다. 음역은 최저음이 〈미〉음이며 최고음이 〈솔′〉음으로 단 10도이다. 첫 음을 높이 질러내는 경상도 가창법의 특징이 나타나고 있다.

(2) 사설의 특징

  양옥교가 부른 예천아리랑의 사설은 직업, 연인과의 이별, 사랑을 표현하는 내용이 주를 이루고 있다.

가. 직업

  예천아리랑 노랫말에는 일제강점기의 생활상과 직업에 관한 내용이 나타나고 있다.
  ②는 힘이 센 사람은 나무를 벌목하는 목도꾼이 되고 말 잘하는 사람은 변호사가 된다고 노래하고 있다.
  ③은 당시 일본으로 돈 벌러 가는 내용을 노래했다. 처녀 총각들이 시집 장가를 못 가면 일본 공장으로 돈 벌러 가면 된다고 노래하고 있다. 일본으로 돈 벌러 갔다가 돌아오지 않는 남편을 노래한 듯하다.

나. 연인과의 이별

  ④는 사모하던 김도령의 죽음을 노래하고 있다. 당시 처녀들이 몰래 연애하는 모습과 머리를 풀고 하얀 리본을 머리에 꽂는 장례식 풍습을 엿볼 수 있다. 연인의 죽음에 드러내놓고 슬퍼하지 못하는 여인의 마음을 노래하고 있다.
  ⑮는 사주를 받아놓고 죽은 큰애기를 안타까워하며 노래하고 있다.

다. 사랑

⑥은 찹쌀 감주가 먹고 싶고 임이 보고 싶다고 노래하고 있다. 임을 그리워하는 마음을 표현하고 있다.

⑧은 임이 그리우면 전화를 하거나 사진을 보라고 노래하고 있다. 이 시기에 전화가 있었음을 알 수 있다.

⑨는 옷감에 물감을 들였음을 알 수 있다. 양옥교는 검정 치마와 흰 저고리를 즐겨 입으셨다고 아들 이원섭은 기억하고 있었다.

⑩은 처녀총각의 연애하는 모습을 노래하고 있다. 감자밥을 먹는 당시의 식생활을 엿볼 수 있다.

⑯은 창문을 살짝 흔들면 나오기로 약속했는데 흔들어도 나오지 않는다고 노래하고 있다.

⑰은 담을 넘어가서 문을 열지 못하고 애태우는 모습을 노래하고 있다.

⑱은 꼴베는 총각에게 오이를 주었더니 손목을 꼭 잡는다는 내용을 노래하고 있다.

⑯,⑰,⑱에서 당시 처녀총각의 연애하는 모습을 엿볼 수 있다.

2) 이상휴의 예천아리랑

①
아리아리 아리아리 아리리요
아리랑 고개로 넘어간다

금년농사 못짓는 것 후년에 짓고
꼴두바우 우구치로 돈벌러가세
아리랑 아리랑 아라리요
얼었다가 녹아지면 봄철일세

②
일년에 열두달 남의집 살아
다래발이 공방주우 생짜증나네
아리랑 아리랑 아라리요
아리랑 고개로 넘어간다

③
세상천지 못할 짓은 남의 집 종사
먹고새면 일만해도 생짜증내네
아리랑 아리랑 아라리요
생감자를 먹었든가 왜요리 에리

④
선추마 끝에다 탁주병 달고
오동나무 숲속으로 임찾아 가세

아리랑 아리랑 아라리요
아리랑 고개로 넘어간다

⑤
알뜰히 살뜰히 돈 많이 벌어
고대광실 높은 집에 잘 살아 보세
아리랑 아리랑 아리리요
아리랑 고개로 넘어간다

⑥
술가야 담배는 나 심중 알고
한 품에 든 임도 나 심중 몰라
아리랑 아리랑 아리리요
아리랑 고개로 넘어간다

⑦
봄철인지 갈철인지 나 몰랐드니
뒷동산 매화춘절 날 알려 주네
아리랑 아리랑 아리리요
아리랑 고개로 넘어간다

⑧
놀다가 죽어도 원통한데
일하다가 죽어지면 어찌나하노

아리랑 아리랑 아리리요
아리랑 고개로 넘어간다

⑨
옥양목 저고리 낫끝동 달고
손목만 까딱해도 날오라하네
아리랑 아리랑 아리리요
아리랑 고개로 넘어간다

⑩
니 잘났다 내 잘났다 도투지 말고
연지 찍고 분 바르면 다 잘났지
아리랑 아리랑 아리리요
아리랑 고개로 넘어간다

〈2023년 7월 현지조사〉

(1) 음악적 특징

이상휴가 부른 예천아리랑은 생활 속에서 일과 놀이를 하면서 불렀기 때문에 후렴 사설이 자유로운 것이 특징이다. 일이나 놀이를 하면서 주위 환경이나 기분에 따라 혼자 독창을 했기 때문에 후렴의 사설을 다양하게 부른 것이 특징이다. 여럿이 합창을 했다면 후렴을 일정하게 불렀을 것이다. 후렴의 장단은 "아리랑 아리랑 아라리요"를 엇모리장단 2장단으로 규칙적으로 부르고 있으나 다음 2장단의 사설은 조금씩 변화가 있다.

②의 "얼었다가 녹아지면 봄철일세"와 ③의 "생감자를 먹었는가 왜이리 에려"의 후렴구는 다른 지방의 아리랑에서 찾아볼 수 없는 특징이다. 예천아리랑의 전통 가창법이 나타나

고 있다고 볼 수 있다. 후렴의 종류는 다음과 같다.

①
아리아리 아리아리 아라리요
아리랑 고개로 넘어 가네

②
아리랑 아리랑 아라리요
얼었다가 녹아지면 봄철일세

③
아리랑 아리랑 아라리요
생감자를 먹었는가 왜이리 에려

④
아리랑 아리랑 아라리요
아리랑 어절씨구 잘넘어 간다

⑤
아리랑 아리랑 아라리요
아리랑 고개로 넘어 간다

⑥
아리랑 아리랑 아라리요

아리랑 얼씨구 놀아보세

⑦
아리랑 아리랑 아라리요
아리랑 고개로 단둘이 넘세

⑧
아리랑 아리랑 아라리요
아리랑 얼씨구 놀다 가보세

⑨
아리랑 아리랑 아라리요
아리랑 고개를 넘어 가세

⑩
아리랑 아리랑 아라리요
아리랑 얼씨구 잘넘어 간다

⑪
아리랑 아리랑 아라리요
아리랑 고개로 넘어 가세

⑫
아리랑 아리랑 아라리요

아리랑 얼씨구 잘 놀아 보세

⑬
아리랑 아리랑 아라리요
아리랑 고개로 날 넘겨주소

⑭
아리랑 아리랑 아라리요
아리랑 고개로 다 넘어가네

양옥교의 창은 후렴의 변화가 거의 없다. 마지막 어절을 조금씩 바꾸어 부른다. 이상휴 창은 후렴의 "얼었다가 녹아지면 봄철일세"와 ③의 "생감자를 먹었는가 왜이리 에려"로 부르는 후렴 외에도 마지막 어절을 다양하게 바꾸어 부른다. 후렴을 자유롭게 부르는 이상휴의 창과 양옥교 창의 후렴은 차이점이 나타나고 있다. 이를 표로 비교하면 〈표 2〉와 같다

〈표 2〉 고(故) 양옥교창 후렴과 이상휴창 후렴 비교

이상휴창 후렴	고(故) 양옥교창 후렴
아리아리 아리아리 아라리요 아리랑 고개로 넘어 가네	아리아리 아리아리 아라리요 아리랑 고개로 넘어 가요
아리랑 아리랑 아라리요 얼었다가 녹아지면 봄철일세	아리아리 아리아리 아라리요 아리랑 고개로 넘어 간다
아리랑 아리랑 아라리요 생감자를 먹었는가 왜이리 에려	아리아리 아리아리 아라리요 아리랑 고개로 넘어 가네
아리랑 아리랑 아라리요 아리랑 어절씨구 잘넘어 간다	

아리랑 아리랑 아라리요	
아리랑 고개로 넘어 간다	
아리랑 아리랑 아라리요	
아리랑 얼씨구 놀아보세	
아리랑 아리랑 아라리요	
아리랑 고개로 단둘이 넘세	
아리랑 아리랑 아라리요	
아리랑 얼씨구 놀다 가보세	
아리랑 아리랑 아라리요	
아리랑 고개를 넘어 가세	
아리랑 아리랑 아라리요	
아리랑 얼씨구 잘넘어 간다	
아리랑 아리랑 아라리요	
아리랑 고개로 넘어 가세	
아리랑 아리랑 아라리요	
아리랑 얼씨구 잘 놀아 보세	
아리랑 아리랑 아라리요	
아리랑 고개로 날 넘겨주소	
아리랑 아리랑 아라리요	
아리랑 고개로 다 넘어가네	

　구성음은 〈미, 솔, 라, 도, 레, 미′〉음으로 되어 있고, 〈미〉음이나 〈라〉음으로 종지하며 〈미〉음을 작게 떨고 〈레〉음에서 〈도〉음으로 꺾는 목을 쓰는 메나리토리로 되어 있다. 음역은 최저음이 〈미〉음이며 최고음이 〈미′〉음으로 완전 8도이다.

　(2) 사설의 특징

　이상휴의 설명에 따르면 자신이 부른 예천아리랑은 농사에 관한 내용과 임에 대한 내용이 주를 이루고 있다.

가. 농사에 관한 내용

①은 흉년이 들어서 농사를 못 지으면 광산으로 돈 벌러 가자는 내용이라고 했다. '꼴두바우'는 광산을 뜻하고 '우구치'는 지역명인 듯한데 정확한 위치는 모르겠다고 했다.

②는 머슴살이의 어려움을 노래한 것이다. '다래발'는 목화의 마지막 수확시기에 달린 목화다래를 뜻하며 '곰방주우'는 금방 주웠다는 뜻이라고 했다. 옛날에 옷을 만들기 위한 목화 농사는 힘들고 중요한 것이었다. 목화송이를 따는 일은 세심한 동작으로 오랜 시간 동안 하는 힘든 노동이다. 바람이나 비에 의한 피해를 막기 위해서는 다래가 터지자마자 목화를 따야 했다. 모든 다래가 동시에 성숙하는 것은 아니기 때문에 손으로 며칠씩 성숙하여 벌어진 다래만을 골라 땄다. 목화송이를 따는 머슴의 고통을 노래하고 있다.

③은 매일 쉬지 않고 농사일만 하는 머슴의 투정부리는 모습을 노래하고 있다.

㉙는 놀지 못하고 일만 하다 죽으면 억울하다는 내용이다.

나. 임을 노래하는 내용

④는 임을 만나는 내용을 노래하고 있다. 옛날에는 딸을 낳으면 시집보낼 때 혼수로 장롱을 만들어주기 위해 오동나무 한 그루를 심었다고 한다. '선추마'는 바지 뒤쪽이라고 했다. 바지 뒤쪽에 탁주병을 달고 오동나무 숲으로 임 찾아간다고 노래하고 있다.

㉒는 손목을 까딱해서 오라는 신호를 한다고 노래하고 있다. 사설을 통해 당시 옥양목 저고리를 입고 있음을 알 수 있다.

다음은 이상휴가 예천아리랑을 정리해서 소장한 사설이다[21]. 그동안 부르던 사설을 적어 놓았다고 했다. 오래된 낡은 공책에 빼곡히 적어놓은 사설에서 예천아리랑에 대한 애착을

---

21 양옥교의 창과 유사하거나 중복되는 사설이 있다. 양옥교가 부르던 사설을 따라 부르거나 기억한 것으로 보인다.

느낄 수 있었다.

아리아리 아리아리 아라리요
아리랑 고개로 넘어가세

①
금년농사 못짓는 것 후년에 짓고
꼴두바우 우구치로 돈벌러가세
아리랑 아리랑 아라리요
얼었다가 녹아지면 봄철일세

②
세상천지 못할 짓은 남의 집 종사
먹고새면 일만해도 생짜증내네
아리랑 아리랑 아라리요
생감자를 먹었는가 왜요리 에리

③
일년에 열두달 남의집 살아
다래발이 공방주우 생짜증나네
아리아리 아리아리 아리리요
아리랑 고개로 넘어가세

④
선추마 끝에다 청주병 달고
오동나무 숲속으로 임찾아 가세
아리아리 아리아리 아리리요
아리랑 얼씨구 잘놀아 보세

⑤
아리랑 고개는 열두나 고개
임자 당신 넘을 고개 한 고개라
아리아리 아리아리 아리리요
아리랑 고개로 단 둘이 넘세

⑥
아리랑 고개로 넘을 줄 알면
요쪽 저쪽 질러가서 꼭 붙잡지
아리아리 아리아리 아리리요
아리랑 고개로 넘어간다

⑦
오라비야 장가는 후넌에 가고
검둥암소 팔아서 날치워 주소
아리랑 아리랑 아라리요
아리랑 얼씨구 놀다 가보세

⑧
시어머님 잔소리는 설비상 같고
낭군님 잔소리는 꿀맛 같네
아리랑 아리랑 아리리요
아리랑 고개를 넘어가세

⑨
친정 살림 알뜰하면 내 살림되나
말양푼이 후드대리 엿 사먹세
아리랑 아리랑 아리리요
아리랑 고개로 넘어간다

⑩
날가라네 날가라네 날가라네
삼베질쌈 못한다고 날가라네
아리랑 아리랑 아리리요
아리랑 고개로 넘어간다

⑪
삼베질쌈 못하는 것 배우면 하지
아들애기 못 놓는 것 어찌하노
아리랑 아리랑 아리리요
아리랑 고개로 넘어가세

⑫
어마님요 어머님요 내 배를 보소
아들애기 놓을라고 벌렁벌렁
아리랑 아리랑 아리리요
아리랑 얼씨구 잘넘어 간다

⑬
니 잘났다 내 잘났다 도투지 말고
연지 찍고 분 바르면 다 잘났지
아리랑 아리랑 아리리요
아리랑 고개로 넘어가세

⑭
문경아 새재에 물박달 나무
홍두깨야 방망치로 다 나가네
아리랑 아리랑 아리리요
아리랑 고개로 넘어가세

⑮
홍두깨야 방망치는 팔자가 좋아
큰 애기 손길로 돌고 도네
아리랑 아리랑 아리리요
아리랑 얼씨구 잘 놀아 보세

⑯
낙성칠백 사철리에 오입도 가고
장기장농 오륙년에 전쟁나네
아리랑 아리랑 아리리요
아리랑 고개로 넘어가세

⑰
칠라당 팔라당 홍갑사댕기
곤지도 안 묻어서 이별일세
아리랑 아리랑 아리리요
아리랑 고개로 넘어가네

⑱
삼천리 강산에 철사 줄 걸고
사기 초롱 조화로 임 소식 듣네
아리랑 아리랑 아리리요
아리랑 얼씨구 잘넘어 간다

⑲
일본아 동경아 얼마나 좋아
꽃 같은 나를 두고 일본을 가노
아리랑 아리랑 아리리요
아리랑 고개로 넘어가세

⑳
날좀보소 날좀보소 날좀보소
동지섣달 꽃 본 듯이 날좀보소
아리랑 아리랑 아리리요
아리랑 고개로 넘어가세

㉑
세월아 갈라면 저 혼자 가지
꽃 같은 이팔청춘 왜데려 가노
아리랑 아리랑 아리리요
아리랑 고개로 넘어가세

㉒
옥양목 저고리 낫끝동 달고
손목만 까딱해도 날오라하네
아리랑 아리랑 아리리요
생감자를 먹었는가 왜이리 에려

㉓
봄철인지 갈철인지 나 몰랐드니
뒷동산 매화춘절 날 알려 주네
아리랑 아리랑 아리리요
아리랑 고개로 넘어간다

㉔
술가야 담배는 나 심중 알고
한 품에 든 임도 나 심중 몰라
아리랑 아리랑 아리리요
아리랑 고개로 넘어가세

㉕
임 보러 갈려고 빼스나 머리
요몹쓸 돌개바람 다 흐트렀네
아리랑 아리랑 아리리요
아리랑 고개로 넘어간다

㉖
간다야 못간다 얼마나 울어
정거장 마당이 한강수 되나
아리랑 아리랑 아리리요
아리랑 고개로 넘어가세

㉗
알뜰히 살뜰히 돈 많이 벌어
고대광실 높은 집에 잘 살아 보세
아리랑 아리랑 아리리요
아리랑 고개로 넘어간다

㉘
산 차지 들 차지 총독부 차지
장모님 딸 차지는 내 차질세
아리랑 아리랑 아리리요
아리랑 고개로 넘어가세

㉙
놀다가 죽어도 원통한데
일하다 죽어지면 어찌하노
아리랑 아리랑 아리리요
아리랑 고개로 넘어간다

㉚
간대야 쪽쪽이 정들여 놓고
정들고 못사는 것 화류계 여자
아리랑 아리랑 아리리요
아리랑 고개로 넘어가세

㉛
산중에 귀물은 머루야 다래
인간에 귀물은 기생로다
아리랑 아리랑 아리리요
아리랑 고개로 단 둘이 넘세

㉜
우수야 경첩에 대동강 풀려
정든님 말씀에 내 속이 풀려
아리랑 아리랑 아리리요
아리랑 고개로 넘어간다

㉝
술집에 가거든 술이나 찾지
월급 없는 잔소리는 하지를 마소
아리랑 아리랑 아리리요
아리랑 고개로 넘어간다

㉞
공중에 뜬 나비 꽃 보고 앉지 마라
왕거미 줄쳐놓고 너 오기 바래
아리랑 아리랑 아리리요
아리랑 고개로 넘어가네

㉟
왈카당 달카당 찧는아 방아
주야를 모르고 찧는구나
아리랑 아리랑 아리리요
아리랑 고개로 넘어간다

㊱
앞산아 뒷산아 왜무너졌나
신작로 될라고 무너졌지
아리랑 아리랑 아리리요
아리랑 고개로 날 넘겨주소

㊲
신작로 널러서 길가기 좋고
전기불 밝아서 임보기 좋네
아리랑 아리랑 아리리요
아리랑 고개 고개로 넘어간다

㊳
울 넘에 담 넘에 꼴 베는 총각
눈살미 있거든 위받아 먹게
아리랑 아리랑 아리리요
아리랑 고개로 단 둘이 넘세

㊴
울 넘어 갈 때는 큰맘 먹고
문고리 잡고서 벌벌 떠네
아리랑 아리랑 아리리요
아리랑 얼씨구 잘넘어간다

⑩

물건너 저쪽에 수첩을 두고
죽었는지 살았는지 댕기로 가세
아리랑 아리랑 아리리요
아리랑 고개로 넘어가세

⑪

콩밭에 원수는 비둘기요
우리네 원수는 흉년일세
아리랑 아리랑 아리리요
아리랑 고개로 넘어간다

⑫

새기야 백발은 쓸 곳이 있고
사람의 백발은 쓸 곳이 없네
아리랑 아리랑 아리리요
아리랑 고개로 넘어간다

⑬

산천이 고와서 나 여기 왔나
우리농요 육성하러 나 여기 왔네
아리랑 아리랑 아리리요
아리랑 고개로 넘어간다

㊹
놀기야 좋기는 새장구 복판
잠자기 좋기는 큰애기 복판
아리랑 아리랑 아리리요
아리랑 고개로 넘어간다

㊺
무정한 기차야 소리를 마라
산란한 우리 마을 또 산란하다
아리랑 아리랑 아리리요
아리랑 고개로 넘어가세

㊻
앞 집에 처녀는 시집을 가고
뒷집에 총각은 목 매러 가네
아리랑 아리랑 아리리요
아리랑 얼씨구 잘도야 하네

㊼
임 가든 길에는 풀이야 돋고
임 잠든 술잔에 녹이씰네
아리랑 아리랑 아리리요
아리랑 고개로 다 넘어가세

㊽
부모 형제 이별에는 눈물이 돌고
정든 님 이별에는 천지가 도에
아리랑 아리랑 아리리요
아리랑 얼씨구 잘 놀아 보세

㊾
청춘아 하늘에는 잔별도 많고
우리네 살림살이 걱정도 많다
아리랑 아리랑 아리리요
아리랑 고개로 넘어간다

㊿
바람이 불라면 지하비탈에 불고
풍년이 질라면 임풍년지소
아리랑 아리랑 아리리요
아리랑 고개로 다 넘어가네

(3) 민속학적 특징

가. 깍지치기 놀이

　민속놀이는 양반층보다는 농민들을 중심으로 놀아서 지방성이 강하며, 낙천적이고 풍부한 정서가 담겨있다. 예천군에는 깍지치기 놀이가 전해오고 있다. 깍지치기 놀이는 나뭇단 내기 놀이이다. 옛날에는 나무가 귀해서 먼 산까지 가서 나무를 해왔다. 무거운 나무를 한 짐 하고 내려올 때 산 중턱에 지게를 받쳐놓고 예천아리랑을 부르며 깍지치기 놀이를 했다. 갈퀴[22]를 던져서 바로 서면 '밥'이야 하고 뒤집어지면 '죽'이야 하며 노는 놀이이다[23]. 양식이 부족해서 죽을 먹는 날이 많았다. 놀이를 하면서도 이기는 사람이 밥을 먹고 지는 사람은 죽을 먹는다고 했다. 놀이를 하는 동안이나마 밥을 먹는 생각을 했다. 지는 사람이 이기는 사람에게 나뭇단 하나를 주는 내기이지만 서로 교대로 져주고 놀이로 즐기면서 힘든 일의 피로를 풀었다.

3. 예천아리랑의 가치와 전승방안

1) 예천아리랑의 가치

예천아리랑은 오래전부터 예천지방에서 일과 놀이를 하면서 부르던 전통민요이자 향토민요이다. 향토민요는 전문 소리꾼이 아닌 그 지방 주민들만이 부르는 민요로 그 지역의 가치와 특색이 잘 나타나고 있다. 예천아리랑은 다른 지방의 아리랑과 다른 특징이 잘 나타나고 있다. 다른 지방에서 부르는 아리랑과 달리 여자가 부른 노래와 남자가 부른 노래가 서로 다른 특징을 나타내고 있다. 이는 남자가 하는 농사일이나 집안일과 여자가 하는 일이 다르기 때문이라고 생각된다. 가창법에 나타나고 있는 예천아리랑의 특징을 살펴보면 주로 혼자 불러왔음을 알 수 있다.

양옥교는 밭매기 등 힘든 농사일을 혼자 할 때나 부엌에서 아궁이에 나무를 때거나 바느

---

22 지게에 갈퀴를 싣고 가서 바닥에 떨어진 나뭇잎만 따로 긁어모아서 불쏘시개로 쓴다고 했다.
23 갈퀴를 던졌을 때 나뭇잎을 긁어모을 수 있도록 던져진 것을 '바로 선다'는 뜻이다.

질을 할 때 예천아리랑을 불렀다고 한다. 규칙적으로 반복되는 일이 아니기 때문에 형식에 구애받지 않고 자유롭게 부르는 향토민요의 특징이 잘 나타나고 있다고 볼 수 있다.

첫째, 양옥교의 창에서는 본사설의 장단 길이를 자유롭게 부르고 있는 것이 특징으로 나타나고 있다. 앞에서 밝힌 〈표 1〉과 같이 본사설 12장단을 부르고 후렴 4장단을 부르는 경우, 본사설 8장단을 부르고 후렴 4장단을 부르는 경우, 본사설 4장단을 부르고 후렴 4장단을 부르는 경우 등으로 자유롭게 부르고 있다. 일의 종류와 주위 환경이나 기분에 따라 본사설의 내용과 장단을 다르게 부르고 있는 것이 특징이다. 밭매기나 바느질, 부엌에서 아궁이에 불을 때는 일 등의 규칙적인 동작을 필요로 하지 않은 일을 하면서 불렀음을 알 수 있다.

구성음은 〈미, 솔, 라, 도, 레, 미′, 솔′〉 음으로 되어 있고, 〈미〉음이나 〈라〉음으로 종지하며 〈미〉음을 작게 떨고 〈레〉음에서 〈도〉음으로 꺾는 목을 쓰는 메나리토리로 되어 있다. 앞부분이 강한 경상도 사투리 억양의 특징과 같이 첫 음을 〈솔〉음으로 높이 질러내고 있어서 경상도 가창법의 특징이 잘 나타나고 있다.

둘째, 이상휴의 창에서는 앞에서 밝힌 〈표 2〉와 같이 후렴의 내용을 자유롭게 바꾸어 부르고 있는 것이 특징으로 나타나고 있다. 일이나 놀이를 하면서 주위환경이나 기분에 따라 혼자 독창을 했기 때문에 후렴의 사설을 다양하게 부른다. 여럿이 합창을 했다면 후렴을 일정하게 불렀을 것이다. 오랜 세월 동안 다른 지방에서 부르는 아리랑의 일반적인 후렴과 다르게 불러 왔다. 후렴을 "아리랑 아리랑 아라리요"를 엇모리장단 2장단으로 부르고 "얼었다가 녹아지면 봄철일세"로 부르는 것과 "아리랑 아리랑 아라리요"를 엇모리장단 2장단으로 부르고 "생감자를 먹었는가 왜이리 에려"의 후렴구는 다른 지방의 아리랑에서 찾아볼 수 없는 특징이다. 예천아리랑의 전통 가창법이 나타나고 있다고 볼 수 있다. 본사설과 후렴을 구분하지 않고 자유롭게 넘나들었다. 이러한 가창법의 특징은 그 지방의 풍습이나 창작능력이 없으면 불가능한 일이다. 다른 지방의 아리랑 가창법에서 찾아볼 수 없는 특징으로 순수한 전통민요의 가치를 지니고 있다.

셋째, 예천지방에서는 예천아리랑을 부르며 깍지치기 놀이를 했다. 깍지치기 놀이를 하면서 협동심과 양보하는 마음을 키워갔다. 서로 모여 나무를 하러 가는 협동하는 마음과 깍지치기 놀이를 하면서 서로 져주고 양보하는 마음으로 자연과 더불어 놀이를 즐겼다. 다른 지방에서는 산에 나무를 하러 올라가거나 내려올 때 쉬면서 주로 긴 아라리를 불렀다[24]. 예천지방에서는 예천아리랑을 부르고 깍지치기 놀이를 하면서 애향심을 키우고 향토의식을 고취해 왔다.

예천지방에서 전하고 있는 예천아리랑의 가치이다.

2) 예천아리랑의 전승방안

아리랑은 다른 민요와 마찬가지로 노동요의 성격을 가지고 있는 토속민요이다. 아리랑에는 그 지방의 민속적 특성이 잘 나타나고 있으며 삶의 애환이 담겨있다. 예천아리랑에는 예천지방의 생활풍습과 가창방법의 특징이 잘 보존되고 있다. 따라서 예천의 향토축제나 전통문화행사에 전통적인 예천아리랑을 부르는 것이 당연하다. 그러나 직업적인 단체가 출연하여 세련된 가락으로 부르는 경우가 많다. 예천군에는 예천아리랑을 공연하는 단체가 여럿 있다. 변질되지 않은 예천아리랑을 부르도록 하는 것이 예천아리랑을 올바르게 전승하는 방법이다. 소박하고 자연스럽게 부른다면 예천아리랑의 전통을 더 잘 지켜나갈 수 있을 것이다. 예천아리랑의 순수성과 정통성을 보존하는 방안으로 올바른 예천아리랑의 특성을 이해하고 예천아리랑 사설 창작하기를 지도하고 전승하는 것이 바람직하다. 예천아리랑의 올바른 전승을 위한 노력이 필요하다.

첫째, 예천군 1읍 11면을 전수 조사해서 예천아리랑을 기억하고 있는 가창자 발굴이 필요하다. 전통민요는 가창자들의 구전에 남아 있다. 산업화와 현대화 과정에서 농촌사회의

---

24 음성지방과 괴산지방에서 조사되었다.

변화와 가창자들의 고령화로 인해 전승이 어려워지고 있다. 가창자들이 살아 계신 동안 예천아리랑에 대한 기억과 경험을 되살려 기록할 필요가 있다. 보존·전승을 위한 첫 번째 할 일이다.

둘째, 양옥교 가창법의 특징을 전승할 필요가 있다. 양옥교의 창에는 뛰어난 본사설 창작 능력과 특징이 나타나고 있다. 다른 지방의 아리랑과 비교를 통해 예천아리랑의 특징을 이해하고 본사설의 사설 창작능력을 전승할 필요가 있다.

셋째, 이상휴 가창법의 특징을 전승할 필요가 있다. 다른 지방의 아리랑과 비교를 통해 예천아리랑 후렴의 특징을 이해하고 후렴의 사설 창작능력을 키워야 한다.

넷째, 깍지치기 놀이를 통해 화합하고 양보하는 마음과 애향심을 키우고 향토의식을 고취시키도록 초등학교, 중학교, 고등학교 학습활동으로 활용할 필요가 있다.

다섯째, 양옥교 창과 이상휴 창의 음원과 앞서 소개한 〈악보 1〉과 〈악보 2〉를 중심으로 보급용 악보를 정리할 필요가 있다. 토속예천아리랑의 특성은 그대로 간직하고 전승하며, 경상북도와 예천군과 지역민들의 의견을 수렴해서 1절씩 대표 악보를 만들어 보급용 예천아리랑을 정리할 필요가 있다. 밀양아리랑이 좋은 예이다. 밀양아리랑은 토속민요의 특성은 그대로 보존되고 있다[25]. 그러나 토속적으로 부른 밀양아리랑을 다듬어서 널리 보급하고 있다. 밀양아리랑은 정선아리랑, 진도아리랑과 함께 우리나라 삼대 아리랑이라고 부르며 초등학교, 중학교, 고등학교 교과서에도 소개되어 있다. 경상도 사투리를 표준어로 다듬고 장단을 세마치장단으로 일정하게 바꾸었다. 밀양아리랑의 토속민요와 통속민요를 비교하면 다음과 같다.

---

25 『한반도의 아리랑』 148-161, CD4-1

〈표 3〉 밀양아리랑의 비교

토속민요	통속민요
날 좀 봇쏘 날 좀 봇쏘 날 쪼꼼 봇쏘 보소 동지섣달 꽃 본 듯이 날 쪼꼼 봇쏘 보소 아리 당닥궁 쓰리 당닥궁 아라리가 났네 아리랑 어절시고 잘 넘어 간다 정든 님이 오시는데 인사를 못 해 행주치마 입에 물고 입만 빵긋 아리 당닥궁 쓰리 당닥궁 아라리가 났네 아리랑 어절시고 잘 넘어 간다 옥양목 접저고리 연분홍 치마 열두 번 죽어도 못 놓겠네 아리 당닥궁 쓰리 당닥궁 아라리가 났네 아리랑 어절시고 잘 넘어 간다 담 넘어 갈 때는 큰 마음 먹고 문고리 잡고서 발발 떤다 아리 당닥궁 쓰리 당닥궁 아라리가 났네 아리랑 어절시고 잘 넘어 간다 문고리 잡고서 떨지를 말고 심중에 있는 말을 다 하고 가소 아리 당닥궁 쓰리 당닥궁 아라리가 났네 아리랑 어절시고 잘 넘어 간다 이하 생략	날 좀 보소 날 좀 보소 날 좀 보소 동지섣달 꽃 본 듯이 날 좀 보소 아리 아리랑 쓰리쓰리랑 아라리가 났네 아리랑 고개로 넘어 간다

예천아리랑은 예천지방에서 오래전부터 입에서 입으로 전해졌으며 양옥교가 음원을 남기고 이상휴로 이어져 불려 왔다. 조사에 의하면 예천아리랑의 전수활동은 예천통명농요 보존회를 중심으로 이루어지고 있다. 비정규적 교육사업 중 지역소리 결합사업으로 이상휴의 지도로 이루어졌다. 예천아리랑의 공연활동은 정기공연과 특별공연으로 이루어졌다. 정기공연 활동은 예천통명농요 공개행사 식전행사에 이상휴 창으로 이루어져 왔으며, 특별공연 활동은 예천통명농요보존회의 특별프로그램으로 공연했다. 이 외 예천 국악협회와 개인 단체에서 예천아리랑 공연이 이루어지고 있다.

소중한 예천아리랑을 보존하고 육성해서 후대에 계승하는 일은 예천군민의 긍지를 높이고 향토의식을 고취하는 계기가 될 것이며 내외에 예천문화를 선양하는 데 기여하게 될 것이다.

예천아리랑의 보존·전승을 위한 경상북도와 예천군 관계자들의 애정 어린 관심과 책임 있는 노력과 지혜가 필요하다.

참고문헌

강등학, 「아리랑의 국면 전개에 관한 거시적 조망」, 『남도민속연구』 제26집, 남도민속학회, 2013.
김기현, 「밀양아리랑의 형성과정과 구조」, 『문학과 언어』 제12집 문학과 언어연구회, 1991.
박상훈, 「각 지방 아라리의 음악적 특징 및 비교·분석 연구」, 중앙대학교 석사논문, 2001.
서정매, 「선율과 음정으로 살펴본 밀양아리랑」, 『한국민요학』 제21집, 한국민요학회, 2007.
이기설, 「충북 아리랑 연구」, 『湖西文化論叢』 12집, 서원대학교 호서문화연구소, 1998.
이보형, 「아라리소리의 근원적 변천에 관한 음악적 연구」, 『한국민요학』 5집, 한국민요학회, 1997.
이창식, 「아리랑, 아리랑콘텐츠, 아리랑학」, 『한국민요학』 21집, 한국민요학회, 2007.
조순현, 「청주아리랑의 음악적 특징」, 『한국민요학』 13집, 한국민요학회, 2003.
『한반도의 아리랑』 148-161, CD4-1.

글쓴이

이재완 李在浣
문학박사, 문화유산학전공
현 예천박물관장

한양명 韓陽明
문학박사, 민속학전공
현 안동대학교 교수

강재욱 姜載旭
문학박사, 민속학전공
현 고려대학교 민속학연구소 연구원

박혜영 朴惠英
문학박사, 민속학·UNESCO 국제문화정책전공
현 충청북도 문화재위원회 전문위원

조순현 曺順鉉
문학박사, 국문학전공
현 청주교육대학교 강사